# 結果を出せる
# 人になる！
# 「すぐやる脳」
# のつくり方

茂木健一郎

Gakken

はじめに

# 結果を出せるビジネスパーソンは「すぐやる脳」を持っている！

いつからか、処理すべき案件が増えてきた気がする。いくらやっても終わらないし、気がついたら一日が終わっている……。

こんな悩みを抱えているビジネスパーソン、結構多いんじゃないでしょうか。

仕事が多いから仕方がないなんて、あきらめてしまっていませんか？

真面目に責任感を持って仕事に取り組む。それは素晴らしいことです。

けれども真面目に取り組もうとするほど、なぜかやる気が落ちてきます。

そしていつしか後回しするクセがついてしまい、どんな仕事でも先送りしてしまう「ぐずぐずスパイラル」に巻き込まれてしまうのです。

一度こうしたサイクルができてしまうと、仕事は「やるもの」から「やらされるもの」へと変わってしまいます。

いったいどうしたら、こんな状況からスッキリと抜け出せるのか——。

本書では、この問題に脳科学の見地から踏み込んでいきたいと思いますが、まずその前提として、みなさんにお伝えしておきたいことがあります。

それは、**これからの社会でビジネスパーソンが仕事で結果を出していくためには、「すぐやる脳」が必要だ**ということです。

私は普段から、各界で活躍するプロフェッショナルにいろいろとお話をお聞きしています。そこでわかったことは、彼らが毎日とても忙しいということです。

それでも彼らは、膨大な仕事量を平然とこなして、素晴らしい結果を出し続けています。私はその理由が「すぐやる脳」のおかげだということを発見したのです。

ではいったい、その「すぐやる脳」とは何なのでしょうか?

詳しくは続く章からご説明していきますが、簡単に言えばこういうことです。

**「抑制」が外れて、軽やかに動く頭脳。**

その具体的なイメージを、次ページで紹介しましょう。

## 停滞した「ぐずぐず脳」の人

## 抑制が外れた「すぐやる脳」の人

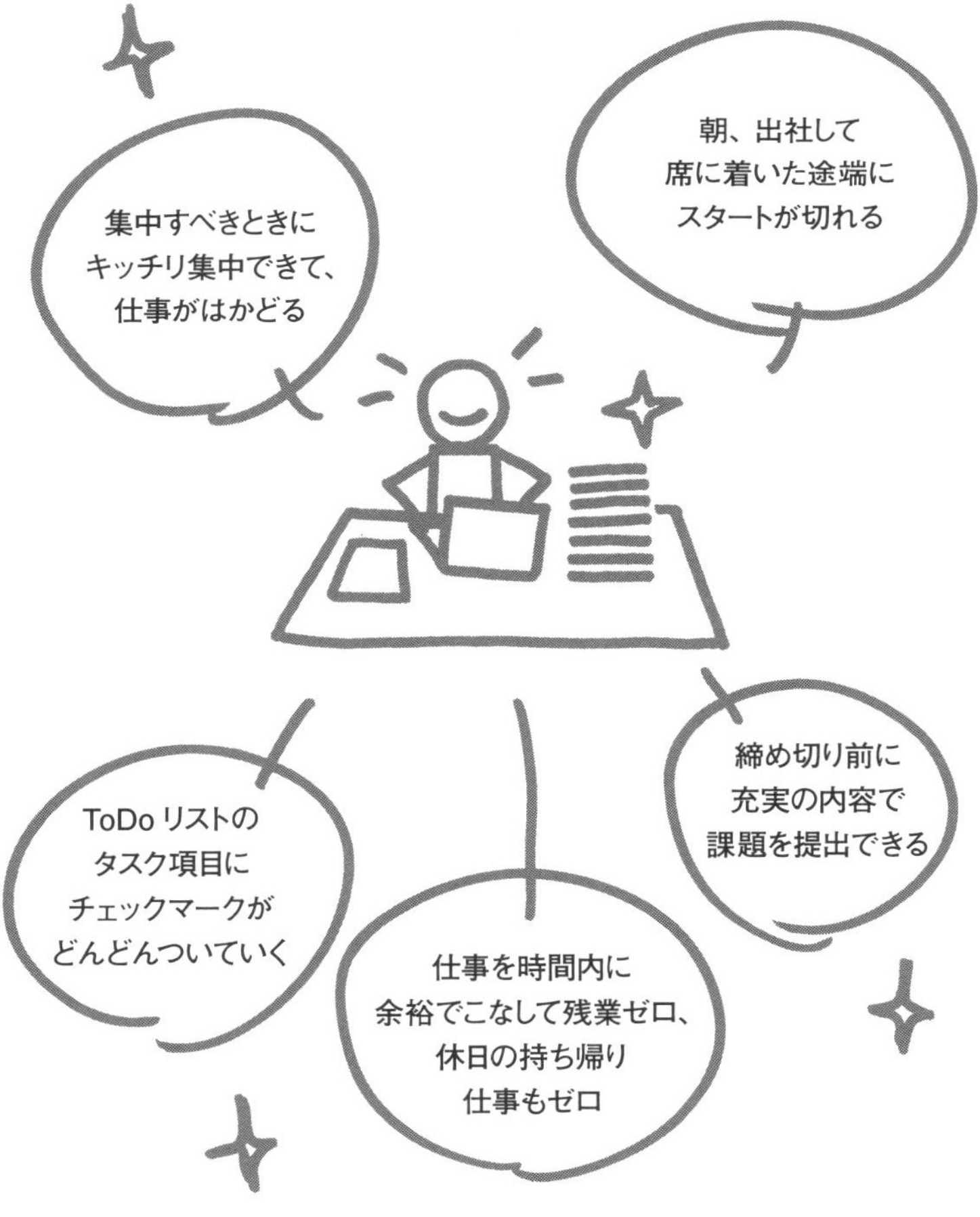

いかがでしょうか。もしも停滞した「ぐずぐず脳」の項目が3つ以上あてはまったなら、あなたの脳は動きが落ちているかもしれません。

今すぐ「すぐやる脳」にチェンジする必要があるでしょう。

けれども、もし今あなたの脳が停滞していたとしても、気を落とす必要などまったくありません。

なぜなら**「すぐやる脳」のいいところは、日々のちょっとした意識や習慣を変えるだけで、新しく神経回路が強化されていくことなのです。**

つまり、鍛え方次第で、すべての人が自分の想像をはるかに超える「すぐやる脳」をつくることができるというわけです。

何だか大変そう？　いえいえ、これはそんなに難しいことではありません。本書でご提案する方法で、誰もがこの「すぐやる脳」に変われるのです。

「脳を鍛えて、自分を変えて、結果を出せる人になる！」

そんな心意気で本書を読み進めていただければ、筆者としてこれほどうれしいことはありません。

茂木健一郎

# 目次

## 結果を出せる人になる！「すぐやる脳」のつくり方



SUGU-YARU

# 1
# 「すぐやる脳」と「ぐずぐず脳」



SUGU-YARU

# 2

# リスクを取って「すぐやる脳」に！

# 3 「安住しない人」が未来の成功を手に入れる！



SUGU-YARU

# 4 脳をやる気にさせる「自律」のメカニズム

# 5 仕事の速度をアップする脳の使い方とは？

# 6
# 「すぐやる脳」に変われば人生がガラリと好転する！



SUGU-YARU

# 1

# 「すぐやる脳」と「ぐずぐず脳」

SUGU-YARU

# 私たちはなぜ、すぐ行動できないのか？

世の中には、二通りの人間がいます。

何に対しても素早く決断して行動できる「すぐやる」人間、そしてもう一方が、なかなか物事を決められず、考えすぎて動けない「すぐやれない」人間です。

ビジネスの世界において、つねに結果を出し続けている人が前者であるということは言うまでもありません。

では、「すぐやる」「すぐやれない」という差はどこから生まれてくるのでしょうか。

実はそこには、脳の働きが大きく関係しています。

すぐに動けない人の原因を、脳科学的にご説明しましょう。

それは意外なことに、脳が正しく働いているためなのです。

**すぐに動けない人とは、脳の前頭葉が指示通りに機能して、抑制が利いてしまっている人のことです。**

たとえば、小さな子どもの目の前にお菓子を置いたとします。当然ですが、子どもはお菓子を食べたくてうずうずします。ここでお母さんが「このお菓子は三時になるまで食べちゃだめよ」と言って聞かせたとします。

すると子どもの脳に「三時までお菓子を食べてはいけないんだ」という脳の抑制が起こり、実際に「お菓子を食べない」という行動を取るというわけです。これはすべて、脳がしっかりと働いている証拠です。

実はこの現象は、大人の脳でもまったく同じなのです。

「なぜ、日本人はすぐに決断し、行動に移せないのか」

以前から繰り返し議論されている問題です。この理由もまた、真面目な日本人が、きっちりと集団の決まりを守るところからきているのです。


「実行に移す前に、まずは慎重に検討しなければならない」

「これが重要なことは理解できるが、常識で考えた場合……」

あなたの周囲で、こんな言葉が交わされてはいないでしょうか？　こうした集団の〝決まり〟が脳の「抑制」となり、私たちの行動にブレーキをかけてしまうのです。

私たち真面目な日本人の脳が有効に働いているからこそ、すぐやれない「ぐずぐず脳」になってしまう。まったく皮肉な結果です。

けれどもこれからのグローバル社会において、私たちは大胆に決断し、仕事の処理速度を高め、結果を出していかなければなりません。大胆な決断力と実行力は、いったいどうすれば手に入るのでしょうか。

## 真面目に生きるほど、行動力が失われる時代

人間の脳には「すぐやる脳」と「ぐずぐず脳」がしっかりと共存していて、「すぐやる脳」の活性化は、脳の抑制を外せるかどうかにかかっています。

これを**「脳の脱抑制」**と言います。

**「やろうと思っている、けれどもなかなか行動に移せない……」と悩んでいる人は、決して「すぐやる」ことが苦手なわけではなく「脳の抑制の外し方」を知らないだけ**なのです。

それはある意味当然のことです。なぜなら、脳の抑制の外し方を、日本人は学校や会社で学んだり、実践していないからです。

そもそも学校ではペーパーテストで決められた答えを出すことにより、いい点数を稼ぐことが最優先されてきました。先ほどの子どもとお菓子の例のように、「こうして回答しなさい」「こんな答え方では点はあげられません」と言い聞かされ、それを忠実に守ってきたのです。

そして会社に入れば、厳格化していくビジネスルールやコンプライアンスが脳の抑制となってしまうわけです。

「部署間での連携をとった上で実行しなさい」

「リスク対策をしっかり取って、ＯＫなら実行しなさい」

こんなふうに、行動が大幅に制限されるようになってしまいました。

もちろんそれは決して悪いことばかりではないのですが、結果として、誰かの指示を待つことで自分の決断や行動にストップをかける癖がついてしまっています。

つまり現代のビジネスパーソンは、前頭葉をちゃんと働かせて「お菓子は時間が来るまで食べちゃダメ」という指示を守ることはできるのですが、そうして〝真面目〟に脳を働かせた分だけ、素早い決断や行動ができなくなっているのです。

これは非常に困った事態です。ルールに忠実に、堅実な仕事をしている人ほど、今の社会では行動力が減退していくばかりなのでしょうか……。

けれどもこうした現代のビジネスシーンでも、大きな成果を出して成功しているトップランナーたちがいます。

自らの経験・知見を集約して素早く決断し、プレッシャーをものともせずに素早く行動し、前人未到のイノベーションを実現しています。

私はこれを、彼らが脳の抑制を外すことに成功した成果だと考えます。

**あなたの工夫次第で、脳の抑制は外すことができるのです。**

## 深く考えないほうが、うまくいく！

とは言うものの、脳の抑制は、ほとんど無意識下で起こっているのが少々やっかいなところです。自分自身も気づかないうちに、脳が勝手に、やれないこと、やらないことをつくってしまうのです。

そこで大事なのが、**あまり深く考えないことを習慣化する**ことです。

習慣化のためには、「自分が何か特別なことをやっていると思わない」という「脳の脱抑制」が大事になってきます。特別なことをやっていると意識することで、脳が身構えてしまうからです。

話はやや横にそれますが、私はここ数年でジョギングを習慣化することに成功しました。その習慣化の結果として、先日、東京マラソンを完走することができました。フルマラソンを完走したのは今回が初めてです。

その習慣化の成功要因は、まぎれもなくこの「脳の脱抑制」にあります。「さぁ、ジョギングするぞ！」と特別なことをやろうと身構えてしまうと、その時点で脳に抑制がかかり、なかなか続きません。それよりも、あくまで自然体で何も考えずに、「散歩でもしに行こうか」くらいの感覚で続けることが望ましいのです。

脳の前頭葉には「努力するために使う回路」とも呼ぶべき部位があります。その回路が活性化されている状態が、一般的に「頑張っている」と呼ばれる状態です。

**この「努力する回路」は意外なことに、何かを習慣化したり継続したりすることには向いていません。なぜならその回路はことのほか脳のエネルギーを消耗させるため、頑張り続けると疲れてしまうからです。**

つまり、毎日「頑張るんだ」と意識し続けている人は、実は相当な脳への負荷がかかっているのです。

人間誰もが、火事場の馬鹿力で特別に頑張らなければいけないときがあります。それでいざことが済むと、どっと疲れが押し寄せてきます。

なぜなら、脳に大きな負担がかかってしまって疲れるわけです。毎日こんなことをしているようでは、当然、習慣として続けることはできません。

そう考えると、**目の前の努力を「頑張る行為」と意識せず、何も意識せずに行えるよう「習慣化」することが成功への近道**ということになります。

最初は努力、つまり強度のある負荷がかかっても、いつかそれを「当たり前の行為」へと変身させる。それが大事なポイントです。

自転車に乗るとき、こぎ出しが一番きついけれど、スピードに乗ってくればあとは楽になる。これと同じ境地を目指せばいいのです。

# すぐやる人の「脳内ダイエット」！

さて、ではどうしたら頑張らずに努力を習慣化できるのか。

ここでおすすめしたいのが、「脳内ダイエット」という考え方です。

ビジネスで成功を収めている人たち、イノベーションを起こしている人たちを見てみると、脳内の無駄なものを省いて、一番大事なことに集中するのが上手なことに気がつきます。

たとえば、実業家のホリエモンこと堀江貴文さんやフェイスブックの創業者であるマーク・ザッカーバーグ、マイクロソフトのビル・ゲイツといった人物は、大学を卒業することも大切だと知っていながら、中退してでもやるべき大事なことを見つけて、大学をやめる決断をしました。

一番大事なことは何かを考え抜き、目的達成に不要な要素であれば、思い切って脳の中から省いていく。

大きな結果を手にするために、この「脳内ダイエット」は必要不可欠な作業です。

大学を卒業するべきか、今やりたいことを優先させるべきか……。そんな決断に迫られたとき、世間で聞く言葉は「両立」の二文字です。けれどもシビアな現実を言えば、学業と仕事の両立を本気で目指すことは、思っているより大変です。

実際、私は両立など無理ではないかと思うときさえあります。

それは、仕事の現場においても同じことです。

熱心なビジネスパーソンなら、やらなければいけない仕事が山積みでも、隙間を活用して、資格試験の勉強や異業種勉強会などに取り組んだりするでしょう。

確かに、ある程度のレベルまでは両立可能です。しかし、**本当にその道のプロフェッショナルを目指すとすれば、ある時点で「もうこれ以上は両立できない」とあきらめる必要が出てきます。**

何事も、頑張れば頑張るほど、一番重要なことに集中する必要が出てくるのです。

**「何かをやらない」と決めることで、脳の中に空き地ができる――。**

それが脳の仕組みです。そうしてつくった空き地に、いろいろなアイデアや発想、ひらめきが入ってくるというわけです。

## ギリギリまで無駄を削ぎ落す！

この「脳内ダイエット」がもっとも上手だったのが、アップル創業者のスティーブ・ジョブズです。

ジョブズがなぜあれほどの成功を収めたのか、その要因のひとつは、「やらない」ことを決定するのが非常に上手だったからです。

たとえば彼が開発したスマートフォンiPhoneは印象的でした。彼は、ボタンを極力使わないと宣言したのです。

こうしたジョブズの大胆な取捨選択のポリシーによって、iPhoneはこれまでに類を見ない画期的な情報ツールとなり、世界的なヒット商品となりました。

そのほか、彼が手がけたマッキントッシュ・コンピュータでも、フロッピーディスクをやめる、CDやDVDドライブをやめるというように、ジョブズは業界の流れに先駆けて様々な「やらない」を実行に移してきました。

これこそがジョブズの**「削ぎ落とすイノベーション」**の象徴的なエピソードです。

ギリギリまで無駄を削ぎ落とし、圧倒的な創造性、機能性、操作性を手に入れる。私たちの脳も、ぜひジョブズがつくったiPhoneのようにスマートになりたいものです。

# 脳の「空き地」を取り戻せ！

日本人は〝真面目〟に脳を働かせていることにより、素早い決断や行動ができなくなっている――。

先ほどこう言いましたが、確かに真面目な人ほど脳の脱抑制が苦手で、「すぐやる脳」が発達していないものです。

なぜなら**真面目な人ほど「きちんとやらなければいけない」という責任感が強く、すべてのことにじっくりと、ていねいに取り組んでしまう**からです。

その取り組み方自体は、賞賛すべきことなのかもしれません。しかし、それでは仕事で確かな結果を出すために必要な、脳の隙間や空白地帯ができないのです。

日本人は、脳の「抑制」の外し方を学んでいない――。

先ほども、こう言いました。では、私たち日本人は最初からコチコチに固まった脳しか持っていなかったのでしょうか。いいえ、そうではありません。

ここで、皆さんが子どもだったときのことを思い出してください。子どもというのは、何に対しても好奇心旺盛でやる気を持っています。なぜならそれは、脳の中にたくさんの空白があるからです。

かつてはみなさんの脳内にも、ドラえもんの漫画に出てくる土管のある空き地のように、ワクワクする空間が脳内に存在していたのです。

それが大人になるにつれて、自分の脳内の空き地にたくさんの「抑制」や「制約」ができてしまう。

それらに追いまくられて、日々のルーティンワークに埋没してしまうと、「やりたいこと」が「やるべきこと」に追い出され、自分の中のゼロから物事を発想するスキルが磨かれなくなってしまうのです。

**そもそも、やる気というのは自分の脳の中に「チャレンジ精神」「フロンティア精神」があることで生まれてくるものです。**

そのためには、脳の中にフロンティア精神やチャレンジ精神が生まれる領域、つまりワクワクできる「空き地」をつくっておくことが必要なのです。

今の日本の学生やビジネスパーソンと話していると、あまりにも「制約」「抑制」が利いている人が多すぎます。

学校であればゆとり教育の見直しからきた「宿題の多さ」、会社であれば一人ひとりに課せられる「業務の多さ」によって、多くの人々の脳の中に「空き地」がなくなり、やる気が育まれないのだと思います。

「自分で自由に決めていい」という前提で、自己決定することが許されない限り、自分の中に本当の意味でのやる気は生まれてきません。

特にスケールの大きいやる気はなおさらです。

私たちが結果を出していくためには、自分で自分の脳を何とかしていくことが必要なのです。

# 「すぐやる脳」をつくる三つの法則

私自身、毎日トップスピードで、精力的に働くことができています。

なぜなら、「脳内ダイエット」で自分が取り組むべきタスクをあらかじめ整理し、「やる」「やらない」というボーダーラインを明確にしているからです。

けれどもそうして脳内にスペースをつくっただけで、行動力や創造力が勝手に生まれてくるわけではありません。動きが軽やかで、アイデアがどんどん湧き上がる脳、これこそが「すぐやる脳」の重要な特徴です。

私は長年の経験から、そうした行動力、創造力を生み出すために効果的な三つの法則をあみ出しました。これからご紹介しましょう。

まず第一の法則が**「瞬間トップスピードを習慣化する」**ということです。
これは、往年の人気プロレスラーの名前を取って「タイガー・ジェット・シン方式」などと言い換えることもあるのですが、ともかくいきなりトップスピードで、すぐに行動に移すということです。

タイガー・ジェット・シンは試合のリングに入るやいなや、花束贈呈のセレモニーを待たず、いきなり相手につかみかかり戦闘を開始、一瞬にして会場の熱気を最高潮へと持っていきます。

この「瞬間トップスピード」が、行動力強化のために必要なのです。

そもそも人間がいきなり行動を開始するためには、脳の背外側前頭前皮質（dorsolateral prefrontal cortex）という回路を鍛えることが必要です。

私がよく学生に言うのは、「キミたち、勉強するときにぐずぐずしているだろう？ そうじゃなくて、勉強をしようと思ったら、パッとその瞬間にやるんだよ」ということです。

みんな最初はなかなかそれができないのですが、脳の回路も筋肉と同じで、毎日続けることで強化されていきます。

私の場合、仕事を立ち上げてからトップスピードに至るまでの時間が非常に速いと自負しています。

たとえばそれは、最近始めた英文のライティングでも効果を発揮しています。とにかくウォーミングアップもなしに、ＰＣをパッと立ち上げたと同時に、すぐさま書き始めるのです。そこには準備をするという意識がありません。

どうしたらできるのか？　それは先ほども言った**「特別に意識せず、その行為を習慣化する」**ということなのです。

歯磨きでもするように、あれこれ考える前にパッとやってみるのです。何度か試しているうちに、ある日、考えずにできている自分に気がつくはずです。

## 途中まででも、不完全でも構わない！

第二の法則が、**「雑談の時間をつくる」**ということです。

どうしても、日本人は準備や根回しに時間をかけてしまいがちです。それを物語るのが、「打ち合わせ」ではないでしょうか。

私自身、不要な打ち合わせはお受けしないよう心がけています。多くの打ち合わせで、ほとんどの時間が本題とは関係ない話で終わっています。本来、この無駄な時間は、もっと創造的に使われなければいけないはずです。

だから私はメールで済む場合はメールで済ませ、創造的なコミュニケーションが必要な場合には雑談の時間を取るのです。

**雑談はとてもクリエイティブな行為です。**

**特定の目的を持たない、創造性に富んだ自由なコミュニケーション。それは脳のマッサージであり、同時に様々な価値観が芽生える脳のサプリメントでもあります。**

経済の話をしていたはずが、いつの間にか流行の漫才コンビの話にすり替わり、あげくの果てに、小学校時代の懐かしいケシゴム遊びへと脱線していって――。その場の雰囲気でガラリと変わっていく話の様子は、ほとんどミュージシャンのジャムセッションです。

この雑談の時間をつくることで、創造力は大きく飛躍します。

結果、実質的な打ち合わせも省力化できるため、トップスピードでこなせます。まさに一石二鳥です。

第三の「すぐやる脳」の法則は、**「ベストエフォート方式」**です。

真面目な人や完璧主義者にありがちなパターンなのですが、たとえば英語を勉強しようと決めて三日目までは続いたのに、何らかの理由で四日目にできなかったときに、「ああ、やっぱり私にはできなかった」「これだから、私はダメなんだ」と嫌気がさして、以後はすっぱりやめてしまうことがあります。

でも、よく考えてみてください。**四日目にできなくても、五日目からまたやってみるほうが、そこであきらめてしまうよりはるかによい結果が待っています。**

このように、あきらめてやらないよりも、途中からでもやったほうがいいじゃないかという考え方が、ベストエフォート（最善努力）方式です。

やる気を持って何かをすぐやるときには、「ベストエフォートでいいんだ」ということを、徹底的に自分に叩き込むことが大事なポイントになってきます。

もちろん私自身も何かを始めてみて、できない場合があります。

確かに、そのときには罪悪感や「あ、ダメだ」という気持ちも起こりますが、その「心のゴミ」のようなものを処理する時間が短ければ短いほど、その後の展開がよくなると実感しています。

このベストエフォート方式で、「やれる範囲のことをやる」という哲学を骨の髄《ずい》まで染み込ませる。そうすれば、自分に対して言い訳をする必要がなくなります。

うまくいくコツは、罪悪感などの「心のゴミ」をできるだけ速やかに処理すること。するととてもスッキリして、すぐやる勇気が湧いてくるのです。

# 「無茶ぶり」が脳を鍛える！

最初は仕事がなかなか進まず、やがてエンジンがかかって、しり上がりに調子を上げていくという、いわゆるスロースターターの人がいます。

これもひとつの仕事のやり方ではありますが、スピードと実行力を持って、確実な結果を出せる仕事のやり方とは言えないでしょう。

このように、いきなりトップスピードに入れない人の弱点は、基礎的な体力が足らないということが挙げられます。

栄養のある食事を取り、十分な睡眠を取り、しっかりと体を鍛える。これは、脳の働きをよくするために必要不可欠なことであり、仕事で結果を出していく上でも大事なことだと思います。

とくに、体を鍛えて体力をつけることは、アスリートのみならず誰もが必要なことです。かく言う私自身も、毎日ジョギングや腕立て伏せ、腹筋を続け、ちょっとアスリート的な生活をしています。

以前、アメリカの実業界の興味深いエピソードを聞いたことがあります。「二十四時間・仕事人間」の会社経営者が、あるとき〝限界〟を感じたというのです。最近体力が消耗して、どうにもやる気が起こらない。これは歳のせいなのだろうかと考えてみましたが、同年代でばりばり働いている経営者はたくさんいます。

そこでその人たちを真似して、毎朝三十分早く起きてジョギングを始めてみると、驚くほど気力が続くようになったそうです。

「人間は現状維持に務めるだけでなく、鍛えなければ成長していけない」

朝三十分のジョギングだけで、このように考え方が変わったという話です。

そう考えれば確かに体力とは、やる気を持って仕事をこなす上での基本中の基本と言えるでしょう。

基礎体力がなくなると、人間はやる気が落ちるばかりでなく、いろいろな言い訳をするようになります。

多忙なビジネスパーソンたちの間で早朝のトレーニングジム利用が流行るのも、こうして体力増強の必要性を実感する人が多いためなのでしょう。

## 脳の成長には「負荷」が必要だ

私が中学校や高校で講演をさせていただくとき、ちょっと変わった英語の勉強法をご提案しています。それは、一分間の英語スピーチです。

英語のスピーチなど、ほとんどの学生が人生で初めての体験で、当然ですがなかなかうまく話すことができません。

そのため、まず簡単な自己紹介から始めます。自分についてですから、どうにかこうにか、自分の知っている単語だけで話し始めます。

そこで私は突然、「無茶ぶり」を始めるのです。

「では、安倍首相のアベノミクスという政策をどう思うか、英語で言ってごらん」

こんなふうに無茶ぶりをすると、ほとんどの学生はたちまちパニック状態に陥ってしまいます。

そこで私はこうつけ足します。

「キミたち、今までこのような英語のスピーチをしたことがないんだよね。ということは、英語のスピーチの、人生で最初の一分だったんだよね。そうしたらうまくできないのは当たり前だよ」


そもそも私がこのような提案をした理由は、彼らの脳に、思い切った負荷をかけたかったからです。脳への負荷のかけ方としては、易しいものよりも「内容が難しい」という負荷のかけ方のほうが効果が高いのです。

そして、こうアドバイスします。

「ところで、一万時間の法則って知っているかな？　一日三時間、それを十年やると、だいたいその道のエキスパートになれると言われているんだ。キミたちの一万時間は、今始まったばかりなんだよ」

さらに、そこで彼らに宿題を出します。

「キミたち、明日から鏡の前で、英語のスピーチをやる練習をしてみよう。家の人に変と思われるかもしれないけど、洗面台の前で一分間スピーチの練習をするんだ」

毎日、ちょっとずつ脳に負荷を与える。そんな脳のトレーニングを習慣にしてほしい。そうすれば、キミたちの脳はどこまでも成長していけるんだ——。

私は若い彼らに、それを伝えたいのです。

けれども、学生にばかり負荷をかけているのはフェアではありません。私自身も彼らの無茶ぶりを受けて立ちます。こうした脳への負荷のかけ方は、むしろ脳が凝り固まった大人にこそ必要なのですから。

「では、私に何でもいいからテーマをください。即興で英語のスピーチをします」

私がそう言うと、今度はそこから学生たちの反逆が始まります。

「じゃあ、深海魚について一分間スピーチしてください」と声が上がりました。

これはなかなかの難題でした。それでも、日頃から英語に関する相当の負荷を脳にかけていたため、何とか一分間のスピーチができて、内心ホッとしました。

## 「ウソのプレッシャー」でも効果は大！

そしてさらにもうひとつ、脳への無茶ぶりをご提案しましょう。

それは、**「なんちゃって大プレッシャー」**です。たとえば、あなたが東京オリンピック招致のプレゼンテーションを担当すると、本気で考えてやってみてください。あなたがうまくプレゼンできるかどうかで、オリンピック招致が決まります。これが本当なら、ものすごいプレッシャーがかかるはずです。多くの人にとって、きっとそれは人生で一番のプレッシャーでしょう。

そのような「なんちゃって」の大きなプレッシャーを、できれば毎日かけてほしいのです。

**一日一回、人生で一番のプレッシャーをかけてみる。**

これはとてもハードな試みです。でもそれこそが、あなたの脳を動きが軽やかで創造性に溢れた「すぐやる脳」に変える最大の秘訣でもあります。

人生で一番のプレッシャー。そんな一大事を毎日考えるのは大変だし、何より相当しんどそうですよね。

そんなときは、たとえば自分がアメリカのオバマ大統領になりきってみるなんていうのはどうでしょうか。毎朝、新聞やテレビの国際ニュースを見てオバマさんの動向を知り、オバマの影武者になったつもりで報道陣に語りかけてみるのです。

アメリカの大統領の元には、難題が次から次へとやってきます。そのどれもが国の動向を左右する重要課題であり、発言のプレッシャーも相当なものでしょう。

ちょっと、格好よくないですか？

脳をやる気にさせるには、こんなちょっとした遊び心も必要です。

私自身、これまでの人生で多くのプレッシャーと闘ってきました。

たとえば、２０１４年のＮＨＫの連続テレビ小説『花子とアン』に役者として出演させていただきました。私にとってこれは初めての経験で、ドラマをご覧になった方はおわかりかと思いますが、まさにものすごいプレッシャーでした。

また、２０１２年に世界的プレゼンテーションイベントのＴＥＤでスピーチをしたときもそうでした。アメリカ西海岸のたくさんの「聴衆のプロ」を前にして、英語でスピーチするのです。これもまた相当なプレッシャーを感じました。

こうした挑戦を通じて、私は自身が一段と成長したことを実感しました。そして、毎日何かを工夫して、健全なプレッシャーを脳にかけることは本当に大切だと改めて感じたのです。

## 負荷が大きいほど、克服した喜びも大きい！

自分への「無茶ぶり」というプレッシャー。それを工夫しながら実行することが、脳の栄養になるということを、私は日々学んでいるわけですが、その工夫のひとつとして、**「タイムプレッシャー」**という手法があります。

これは「この時間内でこの仕事をすべて終わらせる」、あるいは「この時間でここまで原稿を書き上げる」など、時間制限を自分の中に設ける手法です。

制限時間は脳の「抑制」にならないのか？　とてもいい質問ですね。

これまでに「脳の活動は抑制や制約により停滞する」と言いましたが、それはあくまで「他者からの制約」です。**自分で自分に課す「自分からの制約」は、逆に脳のモチベーションを上げる行為となるのです。**

私は最近、「一日に英語を千ワード書く」ということを日課にしているのですが、これが思った以上に大変な作業です。

一日二十四時間、数珠つなぎのような仕事をこなしつつ、何とか時間をやりくりしているのが私の日常です。毎日欠かさずに英語を千ワード書くとなると、自分自身にタイムプレッシャーをかけなければ実現できません。これを毎日続けていくうちに、ようやくハイスピードで英文を書けるようになってきました。

**時間とは圧縮する、つまりやることの密度を濃くするほど、内容の質が高くなると言われます。**忙しくて時間が取れない人ほど、このタイムプレッシャーはとても有効な手法だと思います。

そのほかに私がよく利用するのは、できるかどうかわからないことを、あえて他人に公言してしまう**「公言プレッシャー」**です。

最近私がソーシャルメディア上で公言したことは、「東京マラソンに出ます」という表明でした。これもまた、日頃のトレーニングをサボらないよう、自分にプレッシャーをかけるためのものです。

それから、自分の体重データの推移をネットで公開しているのもそのためです。当然ですが、リバウンドしてしまえばみんなにわかってしまう。そこで、自分にプレッシャーをかけて体重をキープするエネルギーに変えているというわけです。

誰もが私のように、マラソン出場や、体重カミングアウトをしなければならないわけではありません。

たとえばお酒やタバコをやめてみることなども、公言の格好のテーマとなるでしょう。困難を克服しようと挑戦している者を、人は応援したくなります。そんなあなたを周囲もきっとサポートしてくれるはずです。

自分に負荷をかけ、克服する。その負荷が大きいほど、喜びも大きくなります。できることから少しずつチャレンジしてみてください。

# 2

# リスクを取って「すぐやる脳」に！

SUGU-YARU

# 「おっちょこちょい」が、うまくいく！

今、日本では階層化が始まっていると言われます。

「正社員と非正規社員」など、ちまたでは様々な階層化の例が挙げられていますが、私の考える階層化は、それとはちょっと違います。

簡単に言えばそれは、「リスクを取れる層、取れない層」の階層化です。

つまり、**リスクを取らず現状に甘んじている人と、果敢にリスクを取って進化していける人の間に、これから深刻な階層ができ上がっていく**と私は考えるのです。

テクノロジーの進化により、これからますます急速に仕事のあり方は変貌を遂げていくことでしょう。たとえば郵便事業の大部分が電子メールに代行され、印刷事業がDTPシステムに代行されたように、これまで人間が務めてきた多くの仕事がコンピュータに代行されるようになっていきます。

後ほど詳しくお知らせしますが、一説によれば、現代に存在する仕事の四十七%が、十～二十年後には人工知能に代行されるといった予測もされているのです。

そんな世の中で、ひたすら地道にじっくりと、目の前の仕事をこなしているだけでは、将来はおぼつかないというのが今の世の中です。

できるかどうかわからないけれど、まず、やってみようと決心する。今、その方向に道はないけれど、自分で道をつくってみる。

そうしたリスクを取れる「すぐやる脳」を持った人が、これからの世の中をたくましく生き抜いていけるのではないかと思います。

最近のビジネス界でも、そうした「リスク」に果敢にチャレンジする人たちが元気です。ほとんど元手もなく、大きな組織の後ろ盾もないけれど、とりあえず起業して自分の可能性に賭けてみる。そういう人たちが成功できる時代になってきました。

あるとき堀江貴文さんが、とても興味深いことを言っていました。

世間の評価では、堀江さんは「楽をしながらお金儲けをしたい人」というイメージが強いかもしれません。けれども彼を横で見ていると、実はものすごい努力家であることがわかります。

ではなぜ彼は、あのような風雲児的なキャラクターで世間を騒がせているのか。私がそう彼に訊ねると、面白い言葉が返ってきました。

**「おっちょこちょいを増やしたい」**というのです。

よく聞いてみると、彼の言う「おっちょこちょい」とは、単なる思慮の足りない人という意味ではありません。**「成功するかどうかはわからないけれど、とりあえずやってみる人」**のことであるとわかってきました。

彼はその一例として、ある外食業をやっている人が、カナダに行って事業を興し、大成功した話をしてくれました。その人はいわゆる見切り発車というもので、満足な計画もなく行動してしまったため、ビジネスを始めた当初は何もかもうまくいかなかったそうです。

ところが、あるときから次々に成功のチャンスが巡ってきたのだというのです。

**私はその人の成功の背景に、「セレンディピティ」があったと考えます。セレンディピティとは、「偶然の巡り合いを引き寄せる力」のことです。**

就職や結婚をはじめ、人生の大切なことほど、自分だけではコントロールできないものです。そこにはタイミングや第三者のサポートといった、自分の力が及ばないファクターが重要な意味を持ってきます。

つまり、どれだけ頭がよくて努力をしたからといって、必ずしもそれが成功につながるわけではないということです。

**「おっちょこちょいで、何でもとりあえずやってしまうような人のほうが、案外うまくいくことが多い」**と堀江さんは言っていました。

ではなぜ、カナダに行った彼は、見事にそのセレンディピティを招いて成功できたのでしょうか。その背景には、セレンディピティを引き寄せる三つの条件があったことが考えられます。

## セレンディピティの三つの条件

セレンディピティの三つの条件のうち、まず**「行動」**することが最も大切です。

自分の中に閉じこもってリスクを恐れていては、偶然の幸運に出合うことはできません。ですから目的は何でもいいので、とにかく広い世界に出て、世間といろいろ交流をしてみることです。

次に、**「気づき」**が必要です。せっかく偶然の幸運に出合っても、それに気づかないことには意味がありません。よく「チャンスの神様には前髪しか生えていない」と言いますが、その「前髪」を首尾よくつかまえるためには、行動力だけでなく、素早くチャンスをつかめる反射神経を鍛えておかなければなりません。

そのためには、**一見何の変哲もないように感じる小さな変化を見逃さず、視野を広げて「周辺」に目配りをすることが必要**になります。

今、自分の目の前だけを見ていては、そのすぐ周辺にある大切な出合いに気づけなくなってしまいます。

そして最後の条件は**「受容」**。現実を素直に受け入れることが大切です。

せっかく新しい幸運に出合っても、それを受容することができなければ、チャンスとして生かすことができません。

そもそも、チャンスとは何なのでしょうか。いきなり宝くじの特等が当たること？　突然あこがれの部署に配属の辞令が下ること？　実際はそんなことはありません。チャンスは納得いかない、しんどい「無茶ぶり」としてあなたのもとにやってき

## 「セレンディピティ」の３つの条件

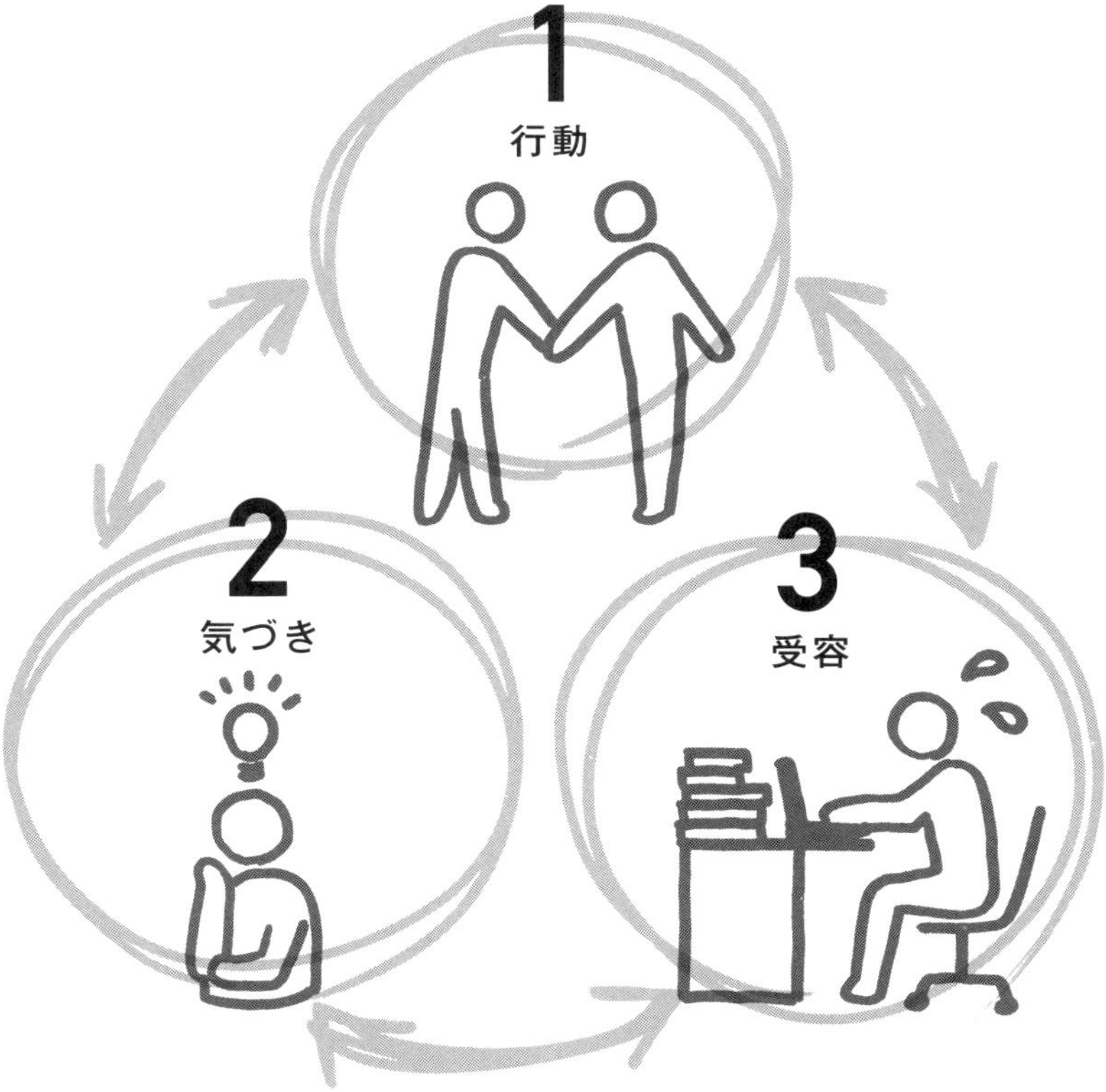


このサイクルを何回も回していくうち、
成功の要因となる「人」「物」「金」などに
巡り合うチャンスに行き当たる。

ます。

それを受け入れられるかどうか。そこにあなたの成功がかかっているのです。たとえば会社から困難な課題を課せられた場合なども、それを受け入れて、正面から取り組むことにより大きく成長できます。つまりチャンスとは、一見すると格好よくない場合が多いものです。

**かの発明王エジソンは「チャンスは作業着を着て現れる」と言いました。**つまり、幸運とは小綺麗で楽な作業で手に入るものではなく、自分自身が本気で汗をかいてこそつかむことができるということです。

そうしたシビアな現実こそが幸運につながると知り、起こったことを素直に受け入れられるかどうかも、セレンディピティが起こるための重要な条件なのです。

この「行動」「気づき」「受容」のサイクルを、柔らかい自然体の心でひたすら継続していく。つまり、**セレンディピティとは現状維持で凝り固まった自分を卒業し、リスクが取れる新しい自分に生まれ変わること**と言えるかもしれません。

大抵の人は今までの自分を守ろうとして、新しいものを頑なに拒絶してしまいます。

そして残念なことにその結果、脳はどんどん退化してしまうのです。

言うまでもありませんが、堀江さんは真面目に努力をしている人を否定しているわけではありません。ここでのポイントは、リスクを取ることができるか、できないかということです。

今のグローバリズムの社会では、リスクを取って新しい世界にチャレンジする人が、結局のところセレンディピティに出合い、成功しています。

すぐ動き、チャンスに敏感に気づき、現状を冷静に受け入れる人だけが、成功する時代になっている。そのために必要なのが、「すぐやる脳」なのです。

# 不安の中に成功がある

リスクを取るべきだとわかっていても、自分にはやっぱりハードルが高い。それができれば苦労はないんだ——。

そういうご意見の方もいることでしょう。果敢にリスクを取っていける人がいる一方で、安全策を取ってしまう人がいるのも現実です。

私は講演などを通じて地方の中高校生と話をする機会も多いですが、「将来の夢は公務員になること」という〝堅実派〟の学生が非常に多いと感じます。

もちろん、人生を安全運転していきたいという気持ちは否定するものではありません。ただ、このグローバル化時代の中で、日本の中に一定の割合でもリスクを取れる人が出てこなければ、日本は成長できなくなってしまいます。

実際にそういう企業や人材が出てきたからこそ、これまでの日本の素晴らしい経済成長もなし得たのだと思います。私はこれからの中高生には、自ら成長を続け、そして日本をも成長させる人になってほしいのです。

私たちがこれから成長を続けていくためには、どうやってリスクとつき合っていけばいいのでしょうか。リスクを脳の「抑制」ととらえず、脳のエネルギーとしていくためには、どういう思考方法が必要なのでしょうか。

ビジネス界のトップランナーと話していると、ここでもまた「おっちょこちょい」の重要性に行き着くのです。

たとえば「ＬＩＮＥ」がそうです。現在、時価総額一兆円とも言われていますが、私は以前、同社隆盛の立役者・森川亮さんに話を聞いたことがあります。

今では日本だけで五千万人以上が使用していると言われるＬＩＮＥですが、最初からうまくいったわけではありません。

大ヒットしたインスタントメッセンジャーアプリが登場するまでにも、ありとあらゆるアプリを試し続ける毎日だったそうです。

そんな時期に、このアプリをたまたまリリースしてみたところ、ただならぬヒットの感触がありました。リリースしてから一週間ほどで、その伸びがほかのアプリとはまったく違っていて、森川さんは「これはいける！」と思ったそうです。

その後の快進撃は、みなさんもご存知の通りでしょう。

リスクを「抑制」とせず、脳がワクワクするエネルギーにできる背景には、先ほどの堀江さんにしても、この森川さんにしても、楽観的かつ行動的な「おっちょこちょい」の思想があると思います。

彼らはともに、リスクへの不安を脳内から排除し、「うまくいったらこんなことができる」という〝一番重要なこと〟に脳のエネルギーを集中させています。

この「すぐやる脳」の思考習慣こそが、彼らの一番の武器なのだと思います。

たえず成長を続け、結果を出していくことの原動力、それこそが「すぐやる脳」なのです。

# 最悪の状況を思い描ける人が〝最強〟

リスクを取りたいけれど、その勇気がない。リスクを取ってみたが、リスクへの不安がたえずつきまとっている――。これは、多くの人が抱える切実な問題でしょう。

前述の〝一番重要なこと〟に注意を向け続けるためには、「うまくいかなかったら大変なことになる」という脳の「抑制」を外す必要があります。

そうしたメンタル管理のひとつに**「最悪の状況を想定して、それに対する心構えをつくっておく」**という考え方があります。

たとえば、仕事でミスをしてしまったときに、上司に報告に行かなければならない。そのときに、「最悪、こうなったらこうしよう」というシナリオさえ用意しておけば、大抵の事態には対応していくことが可能です。

たとえその場で上司と話がかみ合わず、言いたいことが伝わらなかったとしても、「最悪、こうすればいいや」というシナリオがあることによって、それほどネガティブな考えに陥らなくてすむのです。

以前、NHKの『プロフェッショナル　仕事の流儀』という番組に出演された左官技能士の挾土秀平《はさどしゅうへい》さんが、とても興味深いことをおっしゃっていました。

左官技能士とは壁塗りの職人さんですが、挾土さんは「不安の中に成功がある」という信念を持っています。

挾土さんは、作業現場でも**「つねに臆病に徹する」**と言います。

壁塗りは、一度土を塗り切ってしまえばやり直しはききません。彼はつねに自分自身に「これで大丈夫だろうか」と問いかけているそうです。

その背景には、「自信過剰になれば必ず落とし穴に落ちる」という強い思いがあり、つねに不安を抱えることで感覚が研ぎ澄まされ、よい仕事ができるのだと挾土さんは語っています。

また、登山家の方も同じことを言います。

登山というのは、会社を経営することと非常に似ていると言われます。頂上へ向かう自分のルートが間違っていると気づいたとき、パニックにならずに、勇気を持って引き返せるかどうか。それは登山も経営も同じでしょう。

ゴールを決め、準備して、様々な状況判断をしていく。「最悪の場合、このルートで引き返して下山すればよい」と決めておけば、迷わずに山頂を目指せるわけです。

リスクを取るということは、いたずらに危険を冒すということではありません。あらかじめ最悪の状況を考え、不安を取り除いておくことも、リスクテイクの大きな条件です。それにより、人間の実行力は大幅に強化されるのです。

## つねに「プランB」を用意する

とは言うものの、一般にビジネスでは最悪の状態が明確でないことが多いものです。場合によっては何通りもの「最悪の状態」が起こり得るでしょう。そんなときには、**「複数の状況を想定しながら複数の選択肢を思い描く」**という訓練が必要です。

リスクを取れない人の多くは、「トラブルが起こったとき、自分のこの対処法がダメだったら一巻の終わり」と思っています。ところがこれを「トラブル脱出には、つねに複数の選択肢がある」と思っていたらどうでしょうか。いざというときにも、柔軟性を持って、すぐに別の対処をすることができます。

これが「プランB」と呼ばれる考え方です。

**どんなときも、つねにこのプランBを考えておく。そういう癖さえつけておけば、どんな状況でも取り乱さずに対応できます。**

今の時代で結果を出せる人になるには、ハイリスク・ハイリターンを意識することが必要です。リスクを取ってブルーオーシャン（競合他社のいない未踏の領域、新天地）に踏み出していくためには、たえず起こり得る想定外の問題に対応できる、柔軟性のある脳をつくっておく必要があります。瞬間的にプランBに切り換える、という脳のフットワークの軽ささえあれば、大抵は乗り越えていけるはずです。

このようなトレーニングは、いつでもできます。

たとえば、いつも通勤で使う電車が止まって会社に遅れそうなときを想像して、プランB、プランC、プランDで迂回して、会社にいち早く辿り着くように想定訓練をしてみる。あるいは、デートでお目当てのレストランが満席だったとして、どのようにその後の食事を楽しむかを想定訓練してみるなど、トレーニングの機会は日常生活の中にいくらでもあるはずです。

またその際に、一ステップ、二ステップ、三ステップと、何ステップ先までリスクを読めるかというトレーニングもできていれば最高です。

最悪の事態を深読みする訓練。これは、ネガティブ思考になってしまいやすい人ほど上手にできるものかもしれません。

**「次のプランを繰り出せるかどうか」というのは、「リスクに向き合う資質があるかどうか」とも言い替えられます。**このような想定訓練は、危機管理の能力を上げるためにも非常に有効です。

そもそも人はなぜ、綿密な計画を立てるのか。実際のところ、いくら綿密に計画を立てたとしても、物事はなかなか計画通りに行かないものです。

それは、決してその通りに実行するためにやるものではなく、未来を予測する脳の能力を高めるという目的があるからです。

それは、これからの社会を生き抜くために必要不可欠な能力と言えるでしょう。

# ネガティブな人ほど、大きな結果を叩き出す！

人間を含め、生物の脳にはある共通の作用があります。

その作用とは「何もしないでじっとしている」ということです。これは単なるネガティブな状態ではなく、環境に対する正しい適応と言うことができるのです。

野生に生きる動物たちは、危険な状況下で生き延びるため、あえて何もしないでじっとしている状態を取る場合があります。

また、生物学的にもラットの実験で、電気ショックを与え続けるとフリージングといって動かない状態になります。そのようにすることで、エネルギーの消費を抑えたり、あるいは危険を回避したりする本能が備わっているのです。

では、これを人間で考えてみましょう。たとえばやる気が起きない、何に対しても行動に移せないビジネスパーソンや、ひきこもりと言われる人などは、その人が置かれている環境における脳の適応のなせる業とも言えます。

人はそんなとき、社会に順応できない自分を否定的に考えて、「自分はダメだ」と思ってしまいがちです。けれども本当は、そのように考える必要などまったくないのです。なぜなら、脳が不安定な環境に適応しているだけなのです。

では、なぜそういった作用が起こっているのか。それは脳が「世の中は危険で不安だ」と感じているためです。

目の前の状況に危険を察知するからこそ動けない。これは脳の自然な反応です。

脳がリスクを楽しめるか、不安に思うかは、神経伝達物質であるドーパミンのレセプター「ＤＡ‐２」の変異の仕方によって分かれるものと言われます。

この変異の傾向は遺伝的な要素も影響するため、そもそも個人のリスクへの考え方は異なっていて当然です。

つまり、**リスクをポジティブにとらえてチャレンジしていける人の脳には、現状に不安を感じることなく、より大きな危険を求めていく傾向の脳が備わっている**と言えるのです。

リスクに不安を感じるのは、単なる脳の個性の問題です。個性は人それぞれであることが当たり前で、リスクをポジティブに考えるのが正しく、ネガティブに考えるのが悪いということではありません。

リスクの取り方、つきあい方は、ひとつではありません。自分の個性を十分に生かす方法を選ぶことにより、人生は何倍も有意義なものになっていくはずです。

## 戦国武将に見るリスクテイクのパターン

実際にリスクが取れる人というのは、潜在能力として、自分のリスクテイクがどんな傾向かをきちんと認識しています。

それはまさに人それぞれで、豪快な人が大胆なリスクを取るものとは限りません。**案外、ネガティブ思考で危機に敏感な人ほど、いざとなれば果敢に大きな決断をすることも多いものです。**

日本におけるリスクの文化というのは非常に多様であり、歴史をひも解いてみると面白いことがわかります。たとえば戦国時代の風雲児・織田信長も、最初の桶狭間の戦いこそ奇襲戦法でしたが、その後の戦《いくさ》はつねに慎重だったと言われています。

その一方で、江戸幕府をつくった徳川家康はまったく逆の側面があったようです。「慎重な人」「堅実な人」というイメージが広く伝わっていますが、合戦でいざ危機的な状況に追い込まれると、思い切った行動を取ることができたと言われています。

また家康には、次のようなエピソードも残っています。

三方《みかた》ヶ原《はら》の戦いで武田信玄に大敗し、命からがら城に帰ってきた後で、家康はくやしさに溢れんばかりの自分の姿を絵師に描かせました。これが有名な「しかみ像」という絵像で、これを一生の戒《いまし》めとして、ことあるごとに見返したそうです。

このような「しかみ像」を描かせるような行為は、実はネガティブ思考の人がよくやることです。

自分がひどい目に遭ったときに、そのひどい目に遭ったことをいつまでもずっと覚えていて、もう二度とああいうふうになりたくないという意志を強くするのです。

家康はその「しかみ像」を描かせ、いつもそれを身近に置いていた。彼にとって、敗戦という経験は脳を「抑制」する存在ではなく、脳を奮い立たせるカンフル剤であったのです。そうした工夫が実を結んだからこそ、いざ合戦というときにリスクを取って、天下人に上りつめたのではないでしょうか。

人により脳の「抑制」の形は違います。ある人にとってはネガティブな効果を発揮することがらが、別の人にはポジティブな効果をもたらすこともあるのです。大きなことを成し遂げた人が、一般にネガティブとされるキャラクターだったという事例は、結構多いのです。

そう考えれば自分のことを「ネガティブでリスクを取れない人」と決めつけてしまうのは、いささかもったいない行為です。

**普段はじっとおとなしくしていても、いざというときにしっかりと行動できればいいのです。ひょっとしたら、自分は十年に一度、思い切った決断をする人間なのかもしれませんし、まだリスクを取るそのときが来ていないのかもしれません。**

そのために四六時中、脳をフル回転させる必要はまったくありません。

「鳴くまで待とうホトトギス」の家康のように、いざリスクを取って動き出すまでの〝待ち時間〟が長いケースもよくあります。

まずはくれぐれも、自分がネガティブ思考、ポジティブ思考と決めつけないほうがいいということを覚えておいてください。

## アメリカ人だって、内向的で悩んでいる！

私が以前読んだ本で、スーザン・ケインの『Quiet（内向型人間の時代　社会を変える静かな人の力）』（講談社）という面白い作品があります。

私はＴＥＤに参加した際、このスーザン・ケインのプレゼンテーションを拝聴したのですが、とても感動しました。

アメリカではとかく外交的な人が評価されるため、私なども「とにかく自分の主張をしっかり持たなければ」というプレッシャーを感じることがよくあります。

ところが同書によると、そうした文化が生まれた背景には、一九〇〇年代から、セールスマンが自分のことをアピールしたり、格好よくプレゼンしたりする姿がテレビや映画の中で映し出されるようになった影響があると言う話です。

それまではアメリカ人であっても、外交的・社交的であることが大事だとは言われていませんでした。つまり、アメリカのポジティブ文化の発祥とは、ほんの百年前のことです。

当然ですが、アメリカ人であっても内向的な人はいます。そして、その内向性がときとしてすごく大事になる場合もあるのだということが、スーザン・ケインのその本には書かれているのです。

積極的か消極的かというのも、ポジティブかネガティブかというのも、人によっていろいろなパターンがあります。

**自分の脳にかかる「抑制」のパターンは何か、そして自分が直面する大事な場面とは何か。それを客観的に認知し、トレーニングしていくことにより、強い芯を持ったあなたの「すぐやる脳」がつくられます。**

# 「すぐやる人」とナルシストの違い

行動力がある人とない人の一番の差とは、いったい何なのでしょうか。

それは自己評価が高いかどうか、つまり自分に自信があるかどうかなのではないかと思います。

**自己評価の高い人は、自分がどんな状況に陥ってもタフに対応していけることを確信しているため、行動を起こす前に、脳に抑制がかかりません。**

あれこれ考えずに行動に移せる態勢が、脳内にでき上がっている。つまり「すぐやる脳」の体質になっているのです。

自分をそんな「すぐやる脳」の体質にするためには、どうするか。

それには自己評価の仕組みがかかわっています。

「自己評価の高そうな人」って、あなたの周囲にいませんか？

何をするにも自信満々。明るくて声が大きくて、やることなすことが目新しくてキラキラと輝いている――。

けれども実は、こういった人が必ずしも「自己評価の高い人」とは限りません。多くの場合、それは単に「ナルシシズムの強い人」でしかないことが多いものです。

みなさんにまずお伝えしたいことは、**「自己評価とナルシシズムは違う」**ということです。

米国にあるコーネル大学でデビッド・ダニングとジャスティン・クルーガーが研究した「ダニング＝クルーガー効果」というものがあります。

これは、能力の低い人間が容姿、発言、行動などを通して、実際の自己の能力よりも高い評価を他者に植えつける認知バイアス（偏り）のことです。

たとえば、大学で試験をして成績上位者から順位をつけたとします。そしてそれぞれの人に、「君はクラスでどれぐらいの位置にいるか」と訊ねたとします。

そんなときに、成績が低い人ほど、自分の相対的な順位を甘く見積もってしまうのです。またそれとは逆に、成績の高い人ほど自分の順位を厳しく見積もる傾向があることも判明しました。

自分の実力を実際以上に高く見積もる、高く見せる――。

この認知バイアスが、ナルシシズムの根本です。

一方の自己評価とは、自分のありのままの実力をきちんと認め、向上するための努力を積んでこそ身についていくもの。つまり、この二つはまったく別のものなのです。

ですから、あなたの周囲の「自信満々な人」は、もしかしたら単なる「自分を大きく見せている人」なのかもしれません。

そんな人に不要な劣等感を抱く必要も、ましては憧れる必要などもないのです。

## 自分へのダメ出し

**ビジネスの世界を観察していると、結果を伴ったよい仕事をしているビジネスパーソンほど謙虚なものです。**なぜなら、その自信とともに、自らの限界もきちんと知っているからです。

評価が中途半端な人ほど自分に自信が持てないために、自分を大きく見せようとします。そのためいつも空回りして、結果が出ていないのです。

また、世界で活躍するトップアスリートたちの話からも、謙虚さを感じます。

たとえば、フィギュアスケートの羽生結弦《はにゅうゆづる》選手やプロテニスプレーヤーの錦織圭《にしこりけい》選手の試合後のコメントを聞いていると、実に謙虚な発言をしています。

二〇一四年、羽生選手がソチ冬季五輪で金メダルを獲得したときも、金メダルが確定した直後のインタビューが「くやしいです」というものでした。

これは、金メダルという結果より、自分の思い描いていたようなフィギュアスケートができなかった無念さのほうが、彼にとって大きいものだったということです。その謙虚さが人を強くさせて、やがてトップに到達できるのでしょう。

**自己評価の高い人とは「いかに自分にダメ出しできるか」を実践している人であり、自分を強く持っている人であるということなのです。**

ビジネスにおいてもこれは同様で、本来の意味での自己肯定感がある人、自分にダメ出ししても大丈夫な人は、どんどん伸びていきます。

自分へのダメ出しができることと、自己否定はまったく違います。

自分にダメ出しするということは、冷静に自分の評価ができた上で、しっかりと目標を持って努力ができる、その自信があるということでもあります。

たとえば、私は「学歴」というものに強い違和感を持っています。その理由のひとつとして、学歴に頼って、学歴に逃げてしまう人がいるということがあります。

そういう人を見ていると「俺は東大だ」「私は京大だ」ということが自分のよりどころになってしまっている。いざ努力しようというときも、そのプライドに逃げ込んでしまい、残念ながらそれ以上の伸びしろができなかったりするのです。

もちろん、東大には東大、京大には京大のいいところがあるとは思いますが、その一方で弱点もあるのです。その弱点もしっかりとわかった上で、謙虚に努力できる人こそが、真のエリートと言えるのではないでしょうか。

# 「芯の強い自分」を持て！

自己評価の高い人とは、自分にダメ出しできる謙虚な人です。

では、謙虚で努力家であれば、誰でも自己評価の高い「すぐやる脳」を持った人になれるのでしょうか。

私はそこに「ロックンロールな芯《しん》の強さ」をつけ加えたいと思います。

「ロックンロール」とはもともと音楽ジャンルを指して生まれた言葉ですが、今では別の意味で使う場面が多くなっているように感じます。

それは、**見てくれや権威におもねることなく自分の道を突き進む、ある意味ストイックなマインドと生き方そのもの**を表す言葉としてです。

芯の強い生き方のひとつとして、私は常日頃から易しいことと難しいことがあったら難しいことを選ぶよう意識しています。また、自分を守ることと、自分を高めることだったら、高めるほうを選ぶなど、いくつかのポイントがあります。

多くのビジネスパーソンを観察していると、たとえば自慢話が多い人というのは、やっぱり自分を守る方向に舵《かじ》を切って行動している場合が多いように感じます。

また、自分の地位を守りたい気持ちのあまり、いろいろと策を巡らすような人も間違った行動力を発揮しているということです。

最近、私は近代文芸評論の確立者・小林秀雄に関する本の解説を書かせていただいたのですが、改めて彼は面白い人だと感じました。

小林秀雄は日本の文芸評論の中では一番遠くまで行った人だと言われています。

そうした卓越した業績を残しながらも、権威というものにはまったく関心がなく、とりわけ「大学」という権威を嫌っていたそうです。「大学教授」という肩書きを手に入れただけで中身を問わず威張れる権威の構造、そこに納得がいかなかったのでしょう。そこは、私と彼の共通している部分かもしれません。

明治期の文豪・夏目漱石にしても、当時の文部省から博士号を授与する際にあっさり断ってしまう「博士号辞退事件」という有名なエピソードが残っています。

つまり、地位や名誉、肩書きに惑わされることなく、評価にうぬぼれることもなく、自分の道を突き進める「ロックンロール」な芯の強い人でなければ、偉大な成果を残すことはできない。それができる人こそが、自己評価の高い人だと私は思います。

## ザッカーバーグやジョブズが貫いた生き方

世界のビジネス界でも、小林秀雄や夏目漱石のような「ロックンロール」なイノベーターが活躍し始めています。

たとえば、マーク・ザッカーバーグは、いまだにフードつきのパーカーがトレードマークです。株主が集まる重要な株主総会でもラフな格好で登場するため、文句を言う人もいますが、彼はそれを一切無視しているそうです。

最近、アメリカのニュースサイトで面白い記事がありました。

「私たちがいろいろな写真から確認したところ、どうもマーク・ザッカーバーグはいまだにたったひとつのフーディー（フードつきトレーナー）しか持っていないらしい」と書かれていたのです。

しかしここに、地位や名誉、肩書きに惑わされない彼の「強い芯」を垣間見ることができます。

ひと昔前なら、ベンチャーで成功して大金持ちになれば、高級車を乗り回し、高級スーツを身にまとっていたものです。

けれども裏を返せば、それらは保守化に向かった行為ととらえることもできます。

なぜなら、人間はどうしても成功するほど保守的になってしまうものだからです。

しかし、本当の意味で成功している起業家というのは、どんなにお金持ちになっても、一生ロックンロールな「芯の強さ」を持っています。

だからこそ、スティーブ・ジョブズにしても、年がら年中、同じ黒シャツとジーンズという「ゼロベース」の生き方を貫き、つねに新しい発想と比類なき行動力で、次々と新しいイノベーションを起こすことができたのです。

今、そういう芯の強い「すぐやる脳」を持った人たちが、一番輝く時代になってきています。

# 5

# 「安住しない人」が
# 未来の成功を手に入れる！

SUGU-YARU

# 脳を「家賃収入がない状態」に置いてみる

すっきりと脳内をダイエットし、「抑圧」を外して一番重要なことに集中する。こうした「すぐやる脳」は、個人ばかりでなく、日本の経済全体にも必要なことだと思います。

**今の日本経済で私が危機感を覚えるのは、多くの企業が「家賃収入」に依存して、解決すべき問題を先送りする習慣が蔓延しているということです。**

戦後の高度経済成長期に、ソニーやホンダといった新興企業がなぜあれだけイノベーションを起こして成長していったのか。その理由のひとつとして、安定した経営を可能にする「家賃収入」がなかったからと考えられます。

もしも当時の国鉄や電力会社のように、新規参入が難しいビジネスを手がけていた企業なら、確実な収入が確保されて、経営も安定していたことでしょう。まるでアパートの大家さんが家賃収入を得るかのように、安定した売り上げを確保できていたわけです。

けれども当時、ソニーやホンダなどの新興企業にはそれがありませんでした。ビジネスを継続していくため、新しいことを必死に考えていく必要があったのです。

自分を取り巻く環境が安定せず、明日の自分がどうなるかわからない――。そんな生存の危機に直面したとき、人間の脳は活発に回り出します。

当時の企業はそんな背景から、何でも「すぐやる」というチャレンジ精神が旺盛だったということです。企業が必死にリスクを取って、イノベーションを起こしていった結果、日本経済はどんどん発展していきました。

そうして現在、日本は世界第三位の経済大国になり、安定した「家賃収入」がたくさんある国へと変貌を遂げました。けれどもそのことにより、はからずも日本経済は新しいことに果敢に挑んでいく、チャレンジ精神を失いつつある気がするのです。

多くの企業は「いかに現状を維持するか」に集中するあまり、新しくチャレンジすることを、つい先送りにしてしまってはいないでしょうか。

たとえばテレビ局は、有限な電波を使用して番組を製作しています。最近、視聴率が落ちてきているとは言いながら、今でもしっかりと広告収入が入ってくる。今までは確かにそれが安定した「家賃収入」となっていましたが、インターネットテレビなどの出現により、今後は激しい競争を余儀なくされることでしょう。

そうした「家賃収入企業」が、今後、どれだけブルーオーシャンの領域で新しい挑戦をしていけるのか。企業の存亡は、そこにかかっていると言っても過言ではありません。

## ブルーオーシャンで成功する人生

「家賃収入の人生」と、「ブルーオーシャンの人生」。このギャップに「すぐやる」脳の鍛え方のヒントが隠されています。

私たちが自分の人生にイノベーションを起こすためには、自らを「家賃収入がない状態」に置いてみることが必要なのではないでしょうか。

先程の中高生をはじめとして、現代の若者の希望就職が公務員などの安定志向に走りがちだと述べました。これは、典型的な「家賃収入」的発想です。

確かに現在の安定はあるかもしれませんが、各種公務が民営化されることを視野に入れると、将来の安定は必ずしも保障されない、ある意味とてもリスクの高い人生とも言えます。

もしも将来を本気で考えるなら、あえて新しいことに挑むブルーオーシャンに向かってみる人生もあるのではないでしょうか。

私も何度かお目にかかったことがあるレベルファイブという会社の日野晃博さんは、『イナズマイレブン』や『妖怪ウォッチ』などのゲームを大ヒットさせ注目を集めている、ビジネス界のトッププランナーです。

彼らが成功した要因も、やはり家賃収入を求めずにゼロから挑戦したことでした。無難にヒット作の続編を出すのではなく、「徹底したユーザー視点」と「クロスメディア戦略」により、新作の『妖怪ウォッチ』を売り出し、まさに爆発的な人気になりました。

しかも地方から、誰よりも先駆けて「すぐやる」脳を駆使した結果です。だからこそ、一大旋風を巻き起こすことができたのでしょう。

考えてみれば確かに、二十歳そこそこで就職しようというときに、安定した将来を手に入れたいと思うのは素直な気持ちかもしれません。けれどもあえてリスクを取って、軽やかに動いてみる。そういう生き方もあるのではないでしょうか。

若いうちであればあるほど、たとえ失敗してもやり直しがきくのですから。

もちろん、どのような選択をするかはその人の生き方次第です。ただ私は、昨今の就職活動とは別のルートを選んだ若者たちの中から、世の中を変えていくイノベーターが出てくるのではないかと期待しています。

# 「すぐやる脳」で時代の先を読め！

軽やかに回る脳で、一番重要なことに集中する。

それが「すぐやる脳」とご説明しましたが、この「一番重要なこと」とは、目の前のことばかりではなく、未来において重要なことも含んでいます。

言い換えればそれは、**未来を予測するものさしを持っていることが重要であるということです。**

人間はしっかりと頭を使って、五年後、十年後の未来を予測し、今から自分たちは何をやらなければいけないのか、すぐやらなければいけないことは何なのかと考える感覚を磨いていくべきです。

砂山に頭だけ突っ込んでいるダチョウのように、ひたすら現実を見ないようにしている人もいれば、すでに先回りして五年後、十年後に何が必要かということを考えて行動に移す人もいる。

みなさんには、ぜひとも後者になってほしいというのが私の願いです。

もちろん私自身も、未来のために動き始めています。ここ十年来の懸案だった「英語の本を書く」ということを決断し、実行に移しています。それは、日本語の本だけを出していても、今後メッセージを伝えていく上で限界があると思ったからです。

それを**五年後、十年後に「ああ、しまった」と思うよりは、大変であっても今すぐにやってしまったほうがいい**と感じたためです。

世の中には五年後、十年後の一手を打つか打たないかで大きく命運の分かれるビジネスが多数存在しています。

たとえば新聞というメディアにおいて、購読者数がこれから激減していくことは明らかです。なぜなら、今の若者がほとんど新聞を読まない世代だからです。

少子化の影響を受けて人口全体も減っていきますが、日本語を扱う新聞はその埋め合わせを海外に求めることができません。今後、新聞に携わる企業には、未来を予測する確かなものさしが必要になってくるでしょう。

かつて、ＣＤも同じ問題に直面していました。

レコード全盛の時代にCDが出現し、やがてレコードが世間から消えていったのと同様に、音楽ダウンロードビジネスの隆盛でCDが売れなくなるということは、誰もがわかっていたことです。それなのに、今になって「CDが売れない」とみんな嘆いています。

iPodやYouTubeで音楽を聴く時代に、どうやってアーティストは生きていけばいいのか。その命題に五年前、十年前から取り組んでいた人たちは、今、にこにこ笑っているはずです。

## 五年後、十年後の自分が見えているか

さらに教育界で言えば、大学もそうです。

ご存知の通り、日本では少子化がどんどん進んでいます。これから五年後、十年後に大学というシステムがどうなるかはおおよそ見えています。文科省の方針から見ても、学生を獲得できない力の弱い大学は廃止を余儀なくされることでしょう。

さらには、教える立場の人々が「反転授業」の存在を視野に入れているか。

反転授業とは、現在の「講義を受けること」が主流の授業でなく、教師が説明型の講義を動画として用意し、それを生徒が宿題として家庭などで閲覧しておく授業のことです。そして学校での授業では、生徒たちが予習で得た知識を応用して問題を解いたり、議論を行ったりすることで、実際の講義時間を減らすことができます。

教師が生徒一人ひとりに、よりきめ細かい対応をすることができるようになる反面、それを可能にする教師の技量も要求されます。今からその準備が大学や教師たちにできているかどうか。それも生き残りの分かれ道かもしれません。

**本書ではたびたび「リスクを取る」という話をしていますが、それは決して、蛮勇《ばんゆう》のすすめということではありません。**ただやみくもにリスクを取れということではなく、大事なことは、いかに五年後、十年後の未来を先読みできているか、そしてその力を養っているかということなのです。

# 人工知能に負けない人間の戦略とは？

未来を見通し、正しいリスクを取っていくための行動が必要と言いました。

ところで現在、未来を予測するプロ中のプロである世界中のＩＴ企業家たちが積極的に投資している分野とは何でしょうか。

それは「人工知能」です。人間よりもはるかに短時間で正確に仕事をこなしてくれることが、その大きな理由と言えるでしょう。

ＩＴ業界の経営環境の変化は激しいことで知られますが、その渦中で成功を手にするためには、先手必勝、攻めの経営や戦略が必要となります。問題はそれを、どれほどのスピード感で、どれほどすぐに行動に移せるかということなのです。

先頃ＩＢＭが、技術力を集結した人工知能「ワトソン」事業をテコに、経営の勢いを取り戻そうと動き始めました。このような動きにより、同社は成長回帰という経営の難問に取り組んでいます。

**未来を予測してリスクテイクしなければ、必ずと言っていいほど限界が訪れてしまう。そんなビジネス環境において、人工知能の開発は緊急課題なのです。**

私たち脳科学者がかつて脳の研究を始めた頃、人工知能の研究は徐々に進められていましたが、それが本質的なイノベーションにつながることはありませんでした。けれどもコンピュータの進歩によってその処理速度があまりにも速くなってきたことで、人工知能を活用する用途は急速に広がっているのです。

私たちの日常生活でも、人工知能は活躍しています。たとえば毎日使っているスマートフォンなどはその象徴的なものでしょう。電車に乗るときに使う「乗換案内」のアプリはその好例で、人工知能の複雑なアルゴリズムが使われています。

また、クラウド上にデータを置けば、人工知能がどんどん最適化してくれます。このまま開発が進めばもっと便利になり、近い将来、料理の写真を撮ってクラウドに置いておくだけで、カロリーや栄養の計算をしてくれるようにもなるでしょう。

毎回写真を撮るだけで自分の食生活のバランスが理解できるようになれば、これまでのように高いお金を払って栄養士の指導を受ける必要がなくなります。

また情報処理ばかりでなく、人間の思考に代わる能力も発達を遂げています。将棋やチェスといった高度な知力の勝負でも、一秒間に二百万手先を読むことによって、人間の世界チャンピオンに勝てるまでに進化しているのです。

人工知能が活躍する分野は、現在さらに多様な領域へと拡大中です。特に目覚ましいのは、ロジスティクスにおける物流の資源配分の最適化においてです。

実際にアメリカは、一九九〇年から九一年の湾岸戦争で人工知能を使って兵員の輸送の最適化を行い、アメリカの国防総省はそれまでの人工知能に投資した額と同じだけの節約効果があったと報告しています。

今後このように、複雑な要因を最適化するタスクは人工知能が担当していきます。私たちはそうした未来を予測しながら、次の一手を打っていく必要があるのです。

## 治療も裁判もコンピュータがやる時代？

英国のオックスフォード大学で人工知能の研究を行うマイケル・A・オズボーン准

教授が、同大学のカール・ベネディクト・フライ研究員とともに著した『雇用の未来 コンピュータ化によって仕事は失われるのか』という論文が今、世界中で話題になっています。

これは、コンピュータの技術革新がすさまじい勢いで進む中で、これまで人間にしかできないと思われていた仕事が、ロボットなどの機械に取って代わられようとしていることに言及したものです。

たとえば医者や弁護士といった知能労働者です。

オズボーン准教授によれば、医療診断において約六十万件の医療報告書、百五十万件の患者記録や臨床試験、二百万ページ分の医学雑誌などを人工知能が分析することで、それぞれの患者に合った最良の治療計画を立てることに成功しています。

法律の分野でも、アメリカでは裁判前のリサーチのために数千件の弁論趣意書や判例を精査する人工知能がすでに活用されており、二日間で五十七万件以上の文書を分析して分類することができます。

その結果、弁護士アシスタントや、契約書専門、特許専門の弁護士の仕事は、すでに人工知能によって行われるようになっているのです。

このほかにも、街頭や歩道などにセンサーが張り巡らされ、音や映像を記録することによって、警官の人数も減らせるかもしれないという研究なども進められています。

こうしてご紹介した例からもわかる通り、人工知能により、人間が担当する多くの仕事はなくなる可能性を持っています。いったいこれから人間は、どうやって働いていけばよいのでしょうか。

人工知能、つまりコンピュータにできない仕事とは何なのでしょうか。

**こんな時代に人間に求められる戦略、私はそれを自然言語処理、いわゆるコミュニケーション能力だと考えています。**

「飽きっぽい人」が世の中を変える!

人工知能でも難しいこと。それはクリエイティブな能力です。わかりやすい例で言えば雑談です。先程もご紹介しましたが、雑談にははっきりとした目的がなく、話の流れや話者の興味で次から次へと話題が自由に変わります。人工知能にはこの雑談ができません。もともと人工知能は指令されたことを速く正確に、大量に処理することは得意ですが、こうした自由なやり取りではどうしていいかわからなくなってしまうのです。

また、英語の翻訳にしてもそうです。言葉の意味は、話の内容やその状況によって微妙に変わります。そのつど柔軟に対応しなければいけないこうした作業は、人工知能にはできません。

こう考えていくと、人間がやらなければいけないことと、人工知能に任せられることのボーダーラインが自ずと見えてくるのではないでしょうか。

いくら人工知能がこれからの世の中を席巻すると言っても、すべてを人工知能がやってくれるわけではなく、ある特定のタスクを人工知能がものすごいスピードでやってくれる時代になるというだけです。

先ほどの「乗換案内」にしても、アルゴリズムを駆使した計算は得意ですが、鉄道マニア、いわゆる〝鉄ちゃん〟たちが持っているような、鉄道に関する雑学の引き出しを自由自在に開ける能力はありません。

ということは、**人間が得意とする自由で創造性に溢れたコミュニケーションにこれから人間の価値が見出され、そこを磨いていく必要がある**ということになります。

スティーブ・ジョブズは人間の目指すべき人生の道筋について、「ドットとドットを結ぶ（点と点を結ぶ）」という名言を残しました。まさにこれこそが、これからの時代を生きる私たち人間に課せられた「クリエイティブなコミュニケーション」ではないでしょうか。

それは、ひとつの決まったレールを行くのではなく、あたかも雑談のように、様々な点を跳び越えて自由に結びつくこと。それによって新しい価値を生み出すようなアクションをしていく時代だということです。

人間にしかできないクリエイティブな仕事の仕方。さて、それは具体的にどんな方法でしょうか。ここで私が想起するのは、「飽きっぽい人がこれからの世の中を席巻する」という考えです。

## 人間は、もともと飽きっぽい存在

「飽きっぽい」というのは、人間の脳だけが持つ特殊な能力だと私は思っています。というのも、人工知能が備えているのは「飽きない能力」だからです。

たとえば将棋でも、人工知能はそれこそ半永久的にやっています。一方の人間は、いくらプロの棋士であっても、二十四時間連続で将棋のことを考えていれば、集中力が途切れて気分転換をしたくなります。

つまり人間の脳は、ひとつのことに集中できる時間が限られているのです。私はこれを人間が持つ優位な点と考えています。

実を言うと、**人間の脳は「新しいこと」や「何が起こるかわからない」という状態**

**が好きだという側面があるのです。だから、何かをしていて飽きてしまうのは、好奇心が旺盛な人間の特性が発揮されている状態だと言えます。**

いろいろな仕事に興味を持ってぎゅっと集中し、瞬時に脳を切り替えていく。それではどの仕事も中途半端に終わってしまうでしょうか？

意外なことに、どの仕事の精度も上がっていることに気がつくはずです。なぜならそれが、脳の働きにそった仕事の進め方だからです。

世の中で成功している多くの人にも、いい意味での飽きっぽさがあります。

たとえば孫正義さん。彼が創立したソフトバンクという会社も、最初はコンピュータソフトの卸売会社だったわけですが、それから通信会社になるための「点」に移っていきました。その次に、プロ野球チームの親会社になるという「点」も派生してできてきた。そして現在は、時代の先を読み、人工知能を活用しながら「Pepper」という感情認識ロボットをつくったり……と様々な「点」を経てきています。

このような発想は、「自分には集中力や継続力がない」という人にこそ、すぐ試してみてほしいと私は考えます。

# 「好き」にこだわれば感性は磨かれる

人間にできて、人工知能にできないこと。それはエンターテインメントや芸術もそうでしょう。

たとえば、ＡＫＢ48というアイドルグループを結成することは人工知能にはできません。メンバーがたびたび入れ替わり、そのたびにグループの雰囲気もビビッドに変化する。そうした変化に臨機応変に対応する能力は、人工知能には備わっておらず、また当然ですが、それを楽しむことさえもできません。

こうしたエンターテインメントの領域もまた、人間の持つクリエイティブな能力のなせる業と言えるでしょう。

ところで、世界ではこの十年ほど前から「クリエイティブクラス」という言葉がさかんに使われ始めています。

このクリエイティブクラスとは、経済学者であるリチャード・フロリダによって命名された社会経済学上の階級です。それは主に「データや物質を加工処理して、新しく有用なものを生み出す人たち」のことを指します。

歴史的に見ても、クリエイティブな人たちというのは世間から重宝されている感があります。なぜなら、その分野に関しては人工知能は太刀打ちできないからです。

たとえばバッハ風、あるいはモーツァルト風と言った〝定型通り〟に曲をつくることは人工知能にも可能です。ところが、バッハやモーツァルトに相当する〝新しいスタイル〟をつくり上げることは、人工知能にはなかなかできません。

つまり、**エンターテインメントや芸術といった創造性を発揮すべき分野こそ、もっとも人間の脳に特有の活動であり、機械にはできないことなのです。**

では、そうした「クリエイティブな能力」は、どうやって手に入れればいいのでしょうか。いろいろな分野に興味を持って集中し、好奇心をもとに脳の関心を次々と切り替えていくこと、それが人間のクリエイティブな能力と先述しました。

しかし、どうもそれだけではクリエイティブクラスのような人たちにはなれそうにありません。そこで、そのヒントをお教えしましょう。

# 一流のクリエイターは「好き」を大切にする

私は現在、『TOKYO DESIGN WEEK.tv』（ＢＳ日テレ）というテレビ番組の司会をやらせていただいていますが、毎回この番組には、様々な分野で活躍するクリエイターの方がゲスト出演されます。

そのような方々から一貫して受ける印象は、やはり「感性が優れている」ということです。何気ない日常の一コマから、仕事につながる重要なヒントを感じ取る、その感性を何よりも素晴らしく思います。

**どうやって感性を磨けばいいのか。実はそれほど難しいことではありません。とにかく「好き嫌いを大切にする」ということです。**特に、「嫌い」よりもまずは「好き」という感覚を磨いてみてください。

ビジネスでもプライベートでも、「自分はこれが好き」という基準を深めていくことはとても大切です。アイドルグループのＡＫＢ48であってもアニメ映画の『アナと雪の女王』であっても、根っこの部分はそれをつくった人々の「これが好き」から始まっているのです。

クリエイターの「好き」がみんなの共感を呼び、大きな価値をつくり上げる。そしてその結果として成功しているというのが共通点だと言えます。

つまり逆を言えば、**「基準が自分の中にない人」「世間に流されてしまう人」というのは、やはりクリエイティブな感覚を磨くことが難しい人だと言えるでしょう。**

最近、とても興味深い話を聞きました。それは、トップクリエイターの間で『インターステラー』という映画がとても評価が高いということです。この映画を簡潔に言えば、シナリオと映像を凝りに凝ったSF映画と言うことができるでしょう。

その映画は『アナと雪の女王』や『ホビット』といった、世間で言われているブロックバスター（世の中に圧倒的な影響を与える超大作映画などの大ヒット作）ではありません。けれども、そうしたブロックバスターをつくり上げるクリエイターがみな「好き」と言っている。

この例からわかることは、大きなヒットを飛ばすクリエイターたちの「好き」が、必ずしも一般的な「好き」ではないということです。自分だけの「好き」を極めている人こそが、大きな共感をつくり上げることができるのです。

このような映画を体験してみることにより、一流の人々の「好き」のイメージを垣間見ることができるかもしれません。そしてきっと、クリエイティブな感覚を研ぎ澄ませる助けにもなることでしょう。

もちろん『インターステラー』はひとつの例であって、複数のクリエイターの意見がたまたま一致したにすぎません。

**あなたにはあなたの「好き」という基準があるはずです。ぜひあなただけの「好き」を深めていってください。**

# 誰もがクリエイティブになれる「締め切り」の力

「クリエイティブって言っても、自分には芸術的なセンスとかないしなあ……」

ここまでお読みになって、こんなふうに感じた方がいらっしゃるかもしれません。

確かに、ちまたに広がる「クリエイティブ」のイメージと言えば、ひげを生やしたデザイナーが、難しい顔をしてコンピュータ画面に向かっているイメージがあるかもしれません。

しかし、これはまったくの見当違いです。クリエイティブという概念についての典型的な誤ったイメージだと言えるでしょう。

さて、クリエイティブの〝本質〟とは何でしょうか？

それは絵が描けることでも、音楽を奏でられることでもありません。それを一言で言うならば、**「様々な制約をクリアしながら新しいものをつくり上げること」**でしょう。

クリエイティブな作業と言っても、実際にはジャンルを超えて多種多様なものが存在します。たとえば文豪が小説を書くことも、ビジネスパーソンがビジネス文書を作成することも、すべてクリエイティブな作業となり得るのです。

そうした**クリエイティブな作業のすべてに求められること、それは「締め切りをつくること」です。**締め切りという制約をつくることなしには、クリエイティブという作業は成立しません。

たとえば、ある高名な作家は「執筆の動機は何か？」という質問に「預金通帳の残高が減ることだ」と言ったそうです。締め切りという制約をクリアしないことには、出版社から原稿料がもらえず、預金通帳の残高が減っていきます。

預金通帳の残高が減ってしまうのは困ったことです。締め切りまでに、どうすればいい原稿が書けるのか……。それを苦労して考えながら、成果物を仕上げる。これこそがクリエイティブの本質だと思います。

これは同時に、プロとアマのクオリティの差が「締め切りがあるかどうか」にあることも教えてくれます。

職業音楽家のモーツァルトもバッハも、まさに締め切りの連続でした。バッハに至っては、聖トーマス教会で、日曜日やそれぞれの祝祭日ごとの儀式のために楽曲製作を請け負って生計を立てていた時代がありました。

締め切りがあるというのは、脳があれこれ必死に考えることができる絶好のチャンスです。

たとえば夏目漱石が近代文学史に輝く名作『こころ』を書いたときも、まさにこの締め切りのおかげがありました。

そもそもこの小説は朝日新聞の連載小説として書かれたのですが、ストーリー後半の「先生と遺書」の部分は、次に連載を担当する弟子が失踪してしまい、師匠である漱石が必死に物語を引き延ばす苦肉の策であったと言われています。

漱石の才能はもちろんですが、締め切りのための時間稼ぎという〝制約〟が手伝って、この素晴らしい作品は生まれたのではないでしょうか。

**締め切りを意識して、脳にプレッシャーをかける。すると、何かがひらめいたり、新しい解決策が出てきたりします。**これならば、誰にでもできるはずです。つまり脳は鍛えるほどに、クリエイティブになっていくのです。

## 「寄せ集め」が脳を鍛える！

さらにクリエイティブとは、かつて文化人類学者のレヴィ＝ストロースが提唱した「ブリコラージュ」という考えにも似ています。

このブリコラージュとは、その場で手に入るあり合わせの材料を寄せ集め、それらを部品に何がつくれるかと試行錯誤しながら、最終的に新しいものをつくり上げることです。

仕事の場では、新しいアイデアを求められる機会がよくあるでしょう。けれども、**この世の中で、本当に新しいアイデアなどはほとんどありません。実際は、様々なアイデアの組み合わせであることがほとんどです。**

一流のクリエイターの仕事もやはりそれは同じで、どんな斬新でクリエイティブな仕事であっても、実際は「寄せ集め」からのスタートです。

私の好きなブリコラージュに、落語の三題噺《ばなし》があります。これは、落語家が寄席《よせ》でお客さんからランダムに三つのお題をもらい、即興でつくる噺のことです。

明治期の大名人、三遊亭圓朝《さんゆうていえんちょう》の代表作に『芝浜《しばはま》』という人情話があるのですが、これはもともとお客さんから「酔っ払い」「芝浜」「皮財布」という三つのお題をもらって即興で完成した落語です。

三つのテーマという制約のもと、頭をフル回転させて、瞬時に感動のストーリーをつくり上げる。これこそが、クリエイティブの真骨頂と言えるでしょう。

締め切り、そして寄せ集めといった制約が脳を鍛える――。

このような考え方は、決して芸術家やエンターテイナーのみに当てはまるものではないと、おわかりいただけたでしょうか。勉強や仕事においても、クリエイティブ能力はおおいに鍛えられ、発揮できるということです。

クリエイティブなことをすぐやるためには、とにかく締め切りをつくってみる。極端なことを言えば、毎日締め切りがある生活が望ましいのです。

そこで重要なのは、**その締め切りが「自分の好きなこと」であること。つまり脳の「抑制」とならず、心地よい刺激になっているということ**です。

そして、アイデアにつまったら、いろいろなものを寄せ集めてみる。

こうしたクリエイティブな作業ができるようになってくると、「すぐやる脳」が鍛えられ、どんどん成長していきます。そして、人工知能に負けることのない脳になるのです。

# 4

# 脳をやる気にさせる「自律」のメカニズム

SUGU-YARU

# 命令されると、脳は自分から動けない

本書は「すぐやる脳」のつくり方をご提案するものですが、そもそも脳とは、どんな状態であれば「やる気」を起こすものなのでしょうか。本章で、その脳のやる気のメカニズムについてご説明していきましょう。


「あの仕事、いい加減早くやってよ」

「何、この前の仕事まだやってないの?」

会社で部下が任された仕事をまだ終えていないとき、上司はこのように、つい命令や否定から入る言葉を口にしてしまいがちです。

しかしこうした命令や否定から入る言葉は、相手に早くやってもらうことよりも、どちらかと言えば、相手の行動にダメ出しすることが目的になっています。

すると言われたほうは、いくらやろうと思っていても、モチベーション高く取り組むことができません。

**相手に何かをしてほしいときは、ポジティブな言葉がけをすることで相手の脳によい作用を及ぼし、望む結果を得ることができます。**

「さあ、そろそろ頼んでいた仕事をやってみようか」

「今日は売り上げが上がるように頑張ってみようよ」

こんな言葉がけをされることによって、相手の脳の働きがガラリと変わってきます。

そのような言葉をかけられたほうが、〝他律〟を〝自律〟に変える、つまり課題を〝自分事〟として考えることができるようになるからです。

誰でもそうだと思いますが、仕事でも勉強でも、他人に言われるからやるのではなく、目の前の課題を「やりたいからやる」というほうが、すぐ行動できます。

なぜなら人間は、**一度「やらされている」と受け身に感じてしまうと、脳が抑制されて前頭葉を中心とする「やる気の回路」がなかなか働かなくなる**ということが、脳科学でも証明されているのです。

その証拠に、優れた組織ではそのマネジメントとして「メンバーが自律的に動くような仕組み」を工夫しています。

**どんな仕事をやるにしても、上司に言われるからやるのではなく、自分自身の課題として「内面化」することに成功すれば、実行力が生まれます。**

内面化とは、自分が属する集団の価値観を〝他人事〟としてではなく〝自分事〟として意識して行動すること、つまり他律を自律に変えるということです。

それにより、上司から指令されなくても「次はどんな仕事をしなければいけない」ということを自主的に想像するようになり、どんな仕事もモチベーションを高く持ちながらすぐやることができます。

すると次第に、脳は自分の仕事に対する責任やプライドも持てるようになってきます。このように内面化という作業は、「すぐやる脳」をつくるために非常に意味のあることなのです。

内面化を司《つかさど》るのは脳の前頭葉です。前頭葉は意思決定や何かを継続したりするときに働きますから、他律を自律に変えるということは、この前頭葉にある回路を鍛えるということでもあります。

まずはしっかりと心を整える。つまり「自分の成長にこれはどんな意味があるのか」と、仕事の意味をよく考えて内面化することが必要です。

それができれば、組織の上から下りてきたタスクを自らの意思ですぐに実行できるようになり、またそれを継続することができるのです。

## 〝自分事〟で仕事を進める「課題変換」

行動の自主性を生み出す一番の秘訣は自分なりの目標や課題、夢を持つことです。
そうすれば、「自分でやろう」という意識が高まります。
課題というのは、やはり自分で設定するのが一番よいのです。
**脳は、「自分の課題だ」と実感したときに初めてやる気を出します。**
「まだ宿題やってないの？」
小学校の頃、お母さんにこう言われた人も多いのではないでしょうか。
そしてそう言われるほど、やる気がなくなってしまったのではないでしょうか。

実はそんなときほど、この「課題変換」が必要だったのです。

お母さんに言われたからやっているという他律の課題を、「しっかり宿題をやれば僕は勉強がわかるようになり、将来の夢である職業に就ける」という自律に変換することで、前頭葉の回路が「自分からやろう」という意識に切り替わります。

こうした変換作業は、そんなに手間がかかるものではありません。

私自身、学生の頃から自律、他律のバロメーターをずっと持っていたと思います。今でも時々、仕事の現場で「ああ、本当はこういう仕事はやりたくないな」と思うことはあるのですが、そう考えてしまっては効率よくありません。

**そこで、ちょっと視点を変えてみる。言い換えれば自律的に行動できるような何かしらの視点を脳に与えてあげることが大事だということです。**

すると、さっきまでやりたくないと思っていた仕事が、前向きにこなせるようになってきます。

もちろん、どうしてもやりたくないことだってあるでしょう。何もかもを課題変換することが望ましいわけではありません。

自律的に行動できるような視点を見つけるため、普段から「この課題はどうすれば自分の課題になるのか」という、自分自身の「成長の基準」を確立しておくことが大切なのです。

# ゲーミフィケーションで脳に遊び心を持たせる

どんな仕事でも、どんな勉強でも、必ず自分が成長できるアングルを見つけることはできます。それを探すためのとっておきの方法として、「ゲーミフィケーション」をご紹介しましょう。

ゲーミフィケーションとは、課題解決や日常生活の様々な要素をゲームの形に置き換えて楽しみながらやるということです。これは特に、ルーティンワークや単純作業のようなことをやるときに効果を発揮します。

**目標とする時間や分量を設定し、「この仕事は何分で終える」「あと五枚、伝票を書いてから休憩する」と、まるでゲームを楽しむかのように遊び心を持って取り組んでみる。するとと、脳の報酬系が刺激されて行動力、集中力がアップするのです。**

このゲーミフィケーションに欠かせない要素は、目標を達成した後で、満足感を得られるテーマを設定することです。

英語の本を読んでいるなら、「あと二ページ読んでからお風呂に入ろう」と設定してみる。ゴール後に気持ちいいお風呂という満足感が待っていることで、前頭葉の回路が刺激されるというわけです。

**ゴールを決めてスタートし、達成したときの満足感を得る。このサイクルを毎日回しているかどうかで、成長のスピードは大幅に変わってきます。**

実際に、遊び心がある人というのは、やる気も維持しやすいものです。超多忙な敏腕経営者が、休日にゴルフやクルージングに熱中しているのは、単に遊びの目的ばかりではなく、よい仕事をする目的もあるのです。

またこのゲーミフィケーションにより、自分だけの「勝ち負け」を決めることも、自分の成長できるアングルを見つけるための工夫となります。

トップアスリートたちは「自己ベスト更新」のため、毎日の激しい練習を欠かしません。言い換えればそれは、昨日の自分に勝つということでもあります。「勝ち負け」という感覚が自分の成長に大きな役割を持つことを、彼らは知っているのです。

単純作業であってもこれはまったく変わりません。

**勉強でいえば英単語の暗記、仕事でいえば会議の資料作成や梱包作業などにおいても、「自己ベスト」の更新を目指すことで大きな達成感を感じられます。**

記録を追求していく過程で、効率化のテクニックなども身につくことでしょう。

## 「ご褒美」が脳のドーパミンを誘い出す

私もこのゲーミフィケーションのテクニックを、昔からずっと活用しています。

小学生のときであれば、勉強を一時間やると一マス進む、すごろくのようなグラフを作っていました。それを山登りに見立てて、山頂を目指していくのです。勉強をやり通し、みごと山頂に立ったときには、なかなかの達成感があったものです。

これによって、苦手な科目の勉強も、楽しみながらやることができました。今考えると、こんなご褒美をつくることによって、うまくゲーム化していたなと思います。

当然ですが、当時は脳科学のことを考えてやっていたわけではありませんが、今になってみると、脳科学的な知見からも有効な方法だったと思います。

そもそも脳の報酬系というのは「ドーパミン」の分泌を促すものですが、それは抽象的な報酬でも十分に働くと言われています。

たとえば、栄誉や名声などは抽象的な報酬の最たるものでしょう。こうした動機でも人は頑張ることができるのです。なぜならそれで、脳が十分に満足するからです。

そういう意味では、抽象的な報酬を設定して達成に向かうというサイクルは、自分自身でつくることができます。

**重要なのは、自分の価値観で、自分だけの達成感を定義すればいいのだということ。**

昨今、ビットコインと呼ばれるインターネット上の「仮想通貨」が話題になっていますが、同じように脳内の仮想通貨を自分でつくればいいのです。それだけで脳は十分に満足できます。

これは勉強だけでなく仕事でもそうですが、できる人ほど仕事と遊びの区別がないようです。特に今の時代の成功者にはそのような人が多く、仕事と遊びの区別がなくなっています。

そうした人を分析してみると、仕事と遊びにおける脳への報酬構造が、ひとつながりになっています。つまり、仕事は生活のため、遊びは娯楽のためという線引きがなく、仕事も遊びも、人生すべてにご褒美を設定しているということなのです。

# 自分と対話できる人が、最後に勝つ！

みなさんがよく使っているスマートフォンのアプリでも、ゲーミフィケーションはよく採用されています。

たとえば、ジョギングのアプリ。詳細な走行データが記録されるようになっていて、ペースの変化やキロごとのラップタイムが表示されるため、ゲーム化という意識が持ちやすくなっています。

計測したデータをしっかり管理しながら、目標を決めて、その達成にチャレンジする。うまい具合にゲーミフィケーションされるわけです。

私も毎日、こうしたアプリを利用しながらジョギングをしているわけですが、ジョギングからは本当に多くのことを学んでいます。

その代表は、目標に向かって継続するために必要なことです。

私の当面の目標は、東京マラソンで完走をすることでした。

毎日、完走という目標に向かって黙々と走る。その地道な継続の中で必要になってくるのが、先述した「脳の脱抑制」ともうひとつ、「自分との対話」です。

私は走っているとき、つねに自分と対話しています。「今日、調子どうだろうか」とか、「まだまだ行けるかな」と自分で自分に問うのです。

だから、調子が悪いときには無理をしないで「ああ、もう今日はやめだ」「寒いからやめだ」とストップするときもよくあります。

毎日走っていれば、当然ですが調子のよし悪しは生じます。そんなときに無理して走ってしまえば、体を壊してジョギングを継続することなどはできません。

**自分との対話をすることで、自分を客観的に見つめることができるようになりますから、必要以上に無理をすることがなくなるのです。**

実は、これと同じようなことをプロの登山家として活動している栗《くり》城《き》史多《のぶかず》さんからも伺いました。

栗城さんは、何度もエベレストなどにアタックしている一流の登山家ですが、あるとき大きなアクシデントにより、指を九本切断することになってしまいました。その後、先輩の登山家から言われた言葉が忘れられないそうです。

「お前、山ばっかり見ていたんだろう。自分と対話しなくちゃだめだ」と……。

## 無理なときはやらない。だから継続できる

たとえばマラソンなら、「ゴールまであと何キロ」という表示を見つけることができます。けれども登山にはその表示がありません。

登山ではつねに自分と対話しながら指標を見つけていかなければなりません。ともすれば、頂上に立つことばかりに目がいってしまい、気がつくと命にかかわる事態に陥ってしまうのです。

これは、ジョギングや登山ばかりの話ではありません。私たちの日常においても、同じことが言えるでしょう。

**大事なことは、自分に対して「今、自分がどう感じていて、どういうコンディションなのか」とつねに対話すべきということです。**

仕事をしていても、メンタルな問題を抱えてしまう人というのは、自分と対話ができていないのではと感じます。

無理なときはやめる、眠かったら寝る。気分転換が必要だったら気分転換するというふうに、自分との対話によってやる気のバロメーターを測ることができるのです。

このような自分との対話が身につく方法のひとつがジョギングだと私は思っています。私自身、今回のフルマラソンは四回目の挑戦でした。

これまでの三回とも、三十キロでどうしても足が止まってしまいました。だから今回は、「三十キロで足が止まらないようにする」とはっきりと課題を設定して、自分との対話をしながら走りました。

三回やってダメだった脳内の壁が、たった一言、自分との対話があっただけで突破できることもあるのです。

今回の完走は、自分とうまく対話できたおかげだと思っています。

# 小さな成功体験で脳のやる気は生み出せる

仕事でも遊びでもそうですが、過去にうまくいったことはもう一度やりたくなるものです。それらが快い体験として脳に記憶されるためです。

つまり、**やる気を出すためには、過去の成功体験がどれくらいあるかが大きな要因になります。**

特に、仕事や勉強での成功体験であれば、ある程度困難な状況を乗り越えた先に喜びがあった場合が多いでしょう。

そのような経験をどれくらいしているか、その蓄積が脳のやる気の総量を決めているということです。成功体験が少ない人は、どうしてもやる気が出にくいのです。

ここでのポイントは、成功体験のとらえ方です。

ひと言で成功体験と言っても、そこには様々な考え方があります。世の中を変えるような画期的な成功体験もあれば、自分しかわからない小さな成功体験まで、本当に様々です。

実は、**「脳にやる気を与える」という観点から考えるなら、成功体験とは世間に認められる成功ではなく、自分の中のごく小さな成功体験で十分です。**

本当に取るに足らないようなことでも、それをコツコツと繰り返すことによって、十分な効果が得られるのです。

私の場合、毎日腕立てと腹筋を各五十回、四セットやっていました。これは、プロのアスリートから見れば、まったくたいしたことではありません。けれどもこれをあえて自分の「成功体験」としてとらえることで、やる気は増していきました。

毎日コツコツ腕立てと腹筋を続けている自分を、なかなかやるじゃないかと考えたのです。そうして回数は増えていき、やがて百回を二セット、今では二百回を連続してやることができるようになっています。

ここでひとつ、興味深いお話をしたいと思います。

オランダの歴史家であるヨハン・ホイジンガは、著書『ホモ・ルーデンス』（1938年、邦訳・中公文庫）の中で、遊びについての定義を次のように語っています。

「遊びとは、あるはっきり定められた時間、空間の範囲内で行われる自発的な行為もしくは活動である。それは自発的に受け入れた規則に従っている。その規則はいったん受け入れられた以上は絶対的拘束力をもっている。遊びの目的は行為そのもののなかにある」

なぜ、このような話をしたのでしょうか。言われてみれば、これはごく当たり前な話にすぎないかもしれません。しかし、遊びでも仕事でも**「はじめと終わりを決めるのは自分」**だということをお伝えしたかったのです。

たとえば、一分の遊びでも、一分の仕事でもいいので、「じゃあ、今からこれをやろう」と自分でまずは決めて、やってみる。**他人の評価を気にする必要はありません。それで成功したかしないかは、自分で決めていいのです。**

他人でなく、自分が自分の成功を評価すること、それが「終わり」なのです。

そうやって重ねた小さな成功体験を持ち続けることで、脳内物質である報酬系のドーパミンが増えていき、新たなやる気が生み出されます。

そもそも、他人から認めてもらうことは難しいものです。他人の評価にそって行動したことの結果が、必ずしもその人に認められるとは限りません。そうした的外れの努力によって自分の脳に抑制をかけてしまうようでは、まさに本末転倒です。

やる気が起きないという人で「私はどうせ、誰からも認められていないから」と愚痴を言う人がいますが、このような他人任せの姿勢でいることは、やる気を持つ上で非常に危険です。

**自分で自分の課題を見つけて成功体験を積み重ねる。それにより、はじめてやる気が出てくる。**この流れを、ぜひ覚えておいてください。

## 恥ずかしがらずに成功を喜ぶ

過去にいろんな失敗や他人から否定されたことで、仕事や勉強に対して目標を持てなくなってしまっている人が増えています。

もちろん、仕事も勉強もやらなければいけないことだということは理解しているのですが、それでもできない、いわゆるアパシーシンドローム（無気力状態）になってしまう場合があります。

こうした症状の特効薬というのも、やはり自分の成功体験しかありません。だから、どんな小さなことでも、まずは行動してみてほしい、それが私の率直な意見です。


では、どうすれば無気力な状態を乗り越えることができるか。

それは、「小さな成功を恥ずかしがらずに喜ぶ」ということです。

なぜなら、脳の報酬系というのはゴールを設定し、それを実行して喜びを感じることによって強化されていくためです。「すぐやる脳」を強化する回路というのは、その繰り返しによって成長していくのです。

そう考えると、脳の構造とは実はとても単純にできていると思いませんか。

**もっとも大事なことは、世間の常識や他人の評価を気にせず、まずは自分の中でその小さな成功が起こったときにちゃんと喜ぶということです。**「自分へのご褒美」を用意するのもいいでしょう。


ここで一番いけないことは、「こんなのたいしたことない」「自分なんてしょせん、こんなレベルだ」と、小さな成功に罪悪感を持ってしまうことです。これは日本人特有の気質と言えます。もともと謙虚であることが美徳とされているため、「うれしい」とか「やった！」という感情の表現が苦手です。

ここはひとつ、アメリカの人たちをお手本にしたいものです。アメリカ人は喜びの感情表現が上手です。それはアカデミー賞の授賞式を見れば一目瞭然でしょう。

受賞者のスピーチで、満面の笑みとともに、家族やお世話になった人たちの名前を延々と呼ぶシーンを見たことはないでしょうか。しっかりと喜ぶことが、自分にも周囲にもいい効果をもたらすことを、彼らは熟知しているのです。

# 最高の脳内環境「フロー」への入り方

頭ではわかってはいても決断ができない、行動ができない——。

本の冒頭でも述べましたが、その決断や行動を抑制しているのはあなたの脳です。そうした現状に立ち向かうには、何も考えずに続けていくことが一番です。それが、「すぐやる脳」を活性化させていきます。

**脳の抑制を外すためには、摩擦や抵抗のもとを自分で除去していけばいいのです。**

これはエネルギーを持って押し進めるというよりも、どちらかと言えば、障害物を取り去っていく感覚に近いかもしれません。

脳は、抑制を外してあげれば、あとは勝手に動いてくれるものです。つまり、抑制をかけている邪魔なものを一個一個外していくということです。

**「すぐやる脳」を抑制してしまっているひとつの要因は「いらないプライド」です。**

このいらないプライドは、「すぐやる脳」の天敵のようなものです。「恥ずかしい」「みっともない」と、必要のないプライドが邪魔をして、脳に抑制をかけてしまう人が多いのです。

日本には「恥」の文化があるせいか、英語にしても「下手にしゃべると恥ずかしいから……」と、いらないプライドが邪魔をしてしまい、いつまで経っても英語が上達しないという現実があります。

仕事も同様で、「失敗したらどうしよう」という不安が多くの人々の決断や行動を鈍らせています。そのような考え方は「すぐやる脳」にとっては邪魔以外の何物でもありません。

しかし、このような意識は自分の考え方次第で、変えていくことができます。

本当に仕事ができる人は、何かを始める際に特別な準備やウォーミングアップが必要ありません。滑るようにトップスピードで入っていくことができます。

また、たとえほかのことをやっていても「あ、じゃあこの仕事やろう」と、スマートに切り替えていくことができます。

その一方で、なかなか仕事が進まない人というのは、何かを始めるときに余計な意識が生じてしまいます。たとえば「あぁ、今までさぼっちゃった……」といった罪悪感や、「どうしよう、まだ全然できてない……」といった焦りや緊張などが、行動の邪魔をするのです。

そんな邪魔な意識を取り除き、仕事も勉強も集中して取り組むためのいい方法があります。

それは、脳を「フロー」の状態にすることです。

「フロー」とは、一九七五年に心理学者のミハイ・チクセントミハイ氏が世界に広めた有名な理論で、人や組織が最高のパフォーマンスを発揮できる、理想的な脳や心の状態のことを指します。

**この「フロー状態」とは、不安や焦り、緊張などにより感情が揺れ動かず、勝手な意味づけや思い込みに脳がとらわれていない状態を表します。**

たとえば、友だちと時間を忘れるくらいに熱中しておしゃべりすること、仕事や勉強がサクサクできること、これなどはフロー状態に入っているものと言えます。

また、プロのアスリートが日頃のトレーニングの結果「無我の境地」へと到達し、最高のパフォーマンスを発揮しているときも、このフローに入っている状態だと言われています。

## どんな行為からもフローに入れる

私は基本的に仕事や勉強は、フローであるべきだと考えています。私自身も、つねにフローを意識しながら仕事をしています。

みなさんも、仕事や勉強に取りかかるときに、ぜひフローを意識してみてください。先ほど言ったように、友だちと夢中でおしゃべりしているようなリラックスした脳の感覚です。

そして、集中力がよどんでいるときには、「あ、今フローになっていないな」と考えて、気分転換や休憩などをしながら自分の脳をフローに持っていくのです。

もしも心配事が邪魔な意識となっているようであれば、心配事を誰かに相談することなどでフローに戻すこともできるでしょう。

そんな中で、**どうしてもフローに入りづらい場合があります。それは、新しいことに挑戦するときや、非典型的なことをやるときです。それらについて考えることが、脳に大きな負担をかけるのです。**

けれどもその一方で、それらの負担は脳の活動にとっては意味があります。

今までやったことのない、知識を持ち合わせていない「新しいこと」。そして、仕事のトラブルや人間関係の摩擦など、何とかしないといけない「非典型的なこと」。これらを収拾に導くため深く考えるという作業は、脳を鍛える上でとても効果的な「負荷」となります。

確かにそのときフローは途切れている状態です。けれどもその途切れたフローをもとに戻すために脳に負担をかける。この行為を繰り返すことが、いつでもフローに入れるようになるための格好のトレーニングになるのです。

そもそも集中力が発揮できないときというのは、大抵何かに原因があります。その原因をしっかりと突きつめ、フローに戻すという習慣をつける。

これが「すぐやる脳」を強化するために大いに役立つのです。

子どもたちが、勉強でフローに入れなくてもゲームや遊びで入れるように、ビジネスパーソンなら仕事に身が入らなくても休日の趣味に没頭できるように、フローを経験していない人は、まずいません。

問題なのは、「仕事や勉強であってもフローに入れるんだ」と認識していない人がいるということです。それは「仕事と遊びの楽しさは無縁なものだ」と勝手に思ってしまっているからです。

実際には、**どんな行為からでもフローには入ることができる**というのが私の考えです。だからこそ、どんどん新しいこと、非典型的なことをやってみてください。

## フローに不可欠な「緊張との闘い」

フローに入ることは、何より緊張との闘いと言えるでしょう。

フローに入るためには、心身ともにリラックスしないといけないので、緊張してしまうとどうしてもフローには入りにくいものです。

だからこそアスリートたちは、大舞台というプレッシャーを感じる状態で、いかにリラックスするかということを日々のイメージトレーニングで鍛えているのです。

私自身も、はじめてＴＥＤでプレゼンテーションしたときは緊張しましたが、何度もリハーサルをやったおかげで完璧に英語でスピーチができました。

また、はじめてテレビの生放送番組に出演したときも、やっぱり緊張していたような気がします。今ではすっかり慣れてしまい、いつどんな状態でも平気で本番に望むことができるようになりましたが。

たまにそうした番組で、緊張のあまり会話が空回りしてしまうゲストの方と共演することなどがあります。けれども、最初は誰でも緊張しますし、失敗してもそれが当たり前なのです。

最初に失敗するのは、大抵の場合、つい背伸びをして気の利いたコメントをしようとして空回りしてしまうというパターンです。

でも、それでいいと思います。このように緊張して失敗するというのは、誰でも一度は通過する通過儀礼のようなもので、肝心なのは失敗した後にその原因を分析していろいろ学ぶことです。そこから学んで緊張の壁をどんどん取り外していく。

それはもう、経験しかありません。

**そもそも、物事に慣れていくためには「何かをうまくやってやろう」という意識を持つのではなく、「もう、なるようにしかならない」とある意味での開き直りも必要なのです。**

とにかく自然に任せる、流れに任せようということで無心の状態になり、自ら緊張を解きほぐすことで、技術も結果も上がっていきます。

これはなかなか難しい問題ではあるのですが、第一にやはり経験を積むしかありません。考える前に、まずはやってみる。そして、やりながら考える。

この流れの中に、フロー状態に入る秘訣があるのです。

# 大切なのは、他人を意識しないこと

「マラソンは人生だ」とよく言われます。

マラソンの世界では、三十キロ過ぎてからスピードのピークを設定しろと言われています。最初からペースを上げすぎてしまうと、後でへたばってしまうのです。

これは人生全般に言えることでしょう。仕事や勉強をはじめ、ペース配分は、何においても大事なことなのです。

たとえばよくある例として、受験で燃え尽きる子どもがいます。

誰よりも受験を頑張って、一番いい学校に入ったまではよかったけれど、そこから人生の目標が見つからない。いざ就職してからはまったくやる気が起こらず、鳴かず飛ばずに終わってしまう……。そんなこともよくあります。

そのようにならないための秘訣とは、**「他人を見ないこと」**です。これは、脳に抑制をかけず、人生をフロー状態で生きていくためにとても必要なことです。

私も経験があるのですが、ジョギングをやっているとき、ほかの人が走っているのを意識した途端、ペースが狂ってしまいます。

追い抜くにしても追い抜かれるにしても、どうしてもペースを乱されてしまう。そこで肝心なのは、ほかの人に惑わされないための工夫です。

これはジョギングに限りません。仕事でも勉強でも、まず目を向けるべき相手は自分自身なのだということを覚えておいてください。

とは言うものの、やっぱりあたりを見回して、誰かとつい比較してしまう、それもまた人情です。そんなときは、競争相手になるような人の動線から、ちょっと横にそれてみるのもいいでしょう。

これは仕事や勉強でも同じことで、自分のペース配分を守って走るためのひとつの方法です。

そんな中で一番速い人はどうしているのか。よく見てみると、誰が走っていようが関係なく、つねにいつもの自分のペースで走っています。

結局、競争しながら自分をフローに持っていく方法とは、他人を意識しすぎない強い芯を脳につくることに尽きるのでしょう。

## ライバルとは脳の「抑制」か

他人と比べない、それが競争しながらフロー状態をつくるコツだと言いました。けれども多くのアスリートは、ライバルをつくることで自分を奮い立たせています。こうした他者の存在は、脳の抑制となってフローを妨げないのでしょうか？

実を言うと、真の意味でのライバルとは、脳を鍛えてくれる理想的な存在なのです。多くの人が誤解しがちなのが、このライバルとの向き合い方です。

私は、つね日頃から「ライバルは先生だ」ということを言っています。なぜなら、ライバルとは競うべき存在であると同時に、学ぶべき存在でもあるからです。

もちろん、ライバルとの競争で勝てばうれしいに決まっています。しかし、自分がその実力と人間性を認め、真のライバルと決めた人であれば、きっと仕事への向き合い方にしても学ぶべき点が多いはずです。

ライバルに対してもっとも正しい向き合い方とは、うらやんだり妬《ねた》んだりすることではなく、課題への向き合い方や、勝利の要因などを盗む、学ぶということです。**ライバルという他者の存在を否定的にとらえず、肯定的に置き換える。そうした冷静に分析できる心の軸を持つべきだと私は思っています。**

ところで最近、「自分の軸」という言葉が流行っているようです。確かに、自分に判断の軸を置いて生きるということができない人たちが増えているように思います。いつでも「あの人が気になる」「あの意見が気になる」と周囲の目ばかりを気にしてしまう。そのために、自分の好きなことにも取り組めない——。こうした人たちが軸を持って生きることは、これから日本が克服すべき大きな課題と言えます。実際に国際的に見ても、日本人は自分の軸をつくるのが比較的苦手だと思います。

そんな中、私が考える自分の軸のつくり方とは、かつて白洲《しらす》次郎さんが提唱した「プリンシプルな生き方」というものにつながっている気がします。

太平洋戦争後、当時の吉田茂首相の側近として占領軍との交渉の矢面に立った白洲さんは、占領軍のトップだったダグラス・マッカーサー元帥を相手に、大きな誇りを持って交渉を続けたと言います。どんなに地位の高い相手であろうと、譲れないものは譲れない。これこそが「自分の軸」と言えるでしょう。

この「プリンシプル」は、直訳すれば「原理・原則」という意味になりますが、彼のプリンシプルとは「筋を通す」に近いかもしれません。今でも彼が「日本一格好いい男」と言われ続ける理由は、一生涯その筋を通し続けたからではないでしょうか。

**脳というのは自分軸で意思決定して行動し、その結果の成功・不成功から様々なことを学んでいく存在です。なぜなら、そこに学習すべき信号が出るからです。**

ところが、自分軸で動かないことには、成功も不成功も体験できません。当然、自律的な学習信号が脳から出ないため、何も学習せず、成功の達成感も生まれません。

すると、「どうせ自分が決めたことじゃないし」という他人事の意識となり、行動する意欲が持てなくなります。

自分の軸を持って学習し、成長を続ける。これも「すぐやる脳」をつくるために大切なことなのです。

# 5

# 仕事の速度をアップする脳の使い方とは？

SUGU-YARU

# 「頑張る」は脳のロケット噴射

「すぐやる」ことを続けるコツは、考えすぎないことと先述しました。繰り返しになりますが、脳の前頭葉の回路には、「頑張っている」というときに働く回路があります。その回路が働けば働くほど心も体も疲れてしまい、結局、頑張りは習慣化できないのです。

**仕事にしても、根をつめてやっていると「あぁ、疲れてきたな」と感じることがあるでしょう。そんなときは何も考えず、休む時間が必要なのです。**

頑張ろうという気持ちは、脳のロケットエンジンのようなものです。エンジン噴射の瞬間は頑張れるのですが、それだけ燃料も減ってしまいます。

もちろん頑張るポイントでは、しっかりと頑張っていいのです。けれどもこのエンジンを頻繁に使っていると、燃料がなくなって脳のやる気がゼロになってしまいます。

ロケット噴射を効果的に使うことで、いかにして脳を「やる気」の軌道に乗せていくか、そのエネルギーのやりくりが重要なのです。

私は以前、何度か禅宗の曹洞宗大本山・永平寺を訪れたことがあります。

そこで修業をされている僧侶の方にお聞きした話ですが、お寺の修行とは本当に厳しい世界で、「いつも頑張る」という意識ではとても続かないのだということです。

だからこそ、お寺の修行では禅の教えをもとに頭を空っぽにしています。

そう考えてみると毎日のルーティンワークも、頭をからっぽにするための修行と言うことができるでしょう。それによって「頑張る」のペース配分が身についていき、確実に習慣化できるようになるのです。

**周りから「あの人はいつも頑張っている」と思われている人は、実は「頑張る」のペース配分がうまい人です。**すなわち、ここぞというときに一気に集中できるだけの余力を残している人だということです。

逆を言えば、頑張れない人ほど、余計なところでロケット噴射をしてしまい、力を無駄に使い果たしてしまっているのかもしれません。

頑張るエネルギーの総量は、あらかじめ決まっている。だから、自分の持ち分を状況に合わせて有効に使う必要がある。どうかこれを忘れないでください。

## いつもと同じ所作、行動で脳を「無の境地」に

先にご紹介したスティーブ・ジョブズやマーク・ザッカーバーグなど、成功する人は、いったいなぜいつも同じ服を着ているのでしょうか。

それは、単なるポリシーとしてばかりではなく、そうした服選びに使うエネルギーをほかのもっと大事なことに使うという、脳の機能にそった行為でもあるのです。

**こうして頑張りを習慣化させるためには、余計なことに脳のエネルギーを使わないで済むよう、いかに脳を無意識モードに持っていけるかがポイントになります。**

意識、無意識というものは、前頭葉の頑張る回路と大きく結びついています。だから私たちは頑張ることで疲れたり、ストレスを感じたりします。そのため、いかにして意識が無意識の邪魔をさせない状態をつくるかが大事になります。

仕事でも勉強でも、毎日のルーティンワークほど、無意識でやるということが必要

となります。たとえば朝出社したら、まずパソコンを立ち上げる。そして一杯のコーヒーを飲みながら、その日のTo Doリストを確認する……といった一連の動作を、よどみなく、何も考えずにできるようにしておくのです。

これにより、本当に頭を使うべきことに、エネルギーを集中することができるようになります。

**仕事をバリバリやっている人や勉強を頑張っている人は、実は普段から仕事や勉強について深く考えていませんし、また考えないようにしています。**

なぜなら、いちいちひとつずつ深く考えていては、体が持たないからです。

いつもと違う新しいことや、何かややこしい問題に取り組んでいるときは、脳がとても疲れます。たとえば初対面の人に会ったり、誰かに謝りに行かなければならないときなども、心身ともにぐったりすることがあると思います。

そのときの感覚こそが、意識の中枢で前頭葉を使っているときです。

もしもその頑張る回路を、毎日のルーティンワークに使っていたとしたらどうでしょうか。言うまでもなく心も体もどんどん疲れていくだけです。本当に重要なことのために使うエネルギーは、もはや残っていないでしょう。

そこで、脳を「無の境地」にする、言い換えれば脳のモードを力まずに自動化するためには、何度も同じ所作《しょさ》、行動を取るしかありません。何度も同じルーティンをやることで脳に負担がかからないようになり、また心が落ち着いていくのです。

**〝いつもと同じこと〟をやることで脳の無意識は整えられていきます。さらに言えば、力をセーブしたぶんだけ、ここぞというとき大きな力が発揮できるようになります。**

これは極端な例かもしれませんが、宇宙飛行士は徹底的に、同じことを繰り返して訓練します。なぜならば、機器の操作にしても無意識にできるぐらいまで慣れておかなければ、そこに気を取られることで、いざというときに複雑な状況判断ができなくなってしまうからです。

どんな極限状態であろうと脳に負担をかけず、冷静・適切に問題に対処できるための作業システムをつくり上げているのです。

いかにルーティンワークで余計なエネルギーをかけず、もっと別の大事なことにエネルギーを振り分ける余裕をつくれるか。

それが「すぐやる脳」の回路を働かせる大きなヒントになるのです。

# 脳内に「柔らかい To Do リスト」をつくれ！

「そこそこ重要で速くやるべき仕事と、最も重要だけれど急がない仕事、どっちをどうやればいいのでしょうか」

このような相談をよく受けることがあります。

一般的な回答としては、優先順位をきっちり決めて「To Do リスト」で粛々とこなしていけばよいということになるでしょう。

けれども私がいつも意識していることはちょっと違って、いつも脳の中に「柔らかい To Do リスト」を持っておこうということになります。

これは、私独自のやり方でもあるのですが、**紙に書き出した To Do リストなどは作成せず、脳の中に随時変更可能な To Do リストを作って、臨機応変にやるべきことをやるよう心がけている**のです。

実は、一般的に「To Do リスト」と呼ばれる作業自体、プログラム的に解明できていないくらいに遂行が難しいことだと言われています。

なぜなら、いくらTo Doリストをしっかりとつくっても、膨大な仕事を処理する場面では、なかなか思い通りにこなせないのが通常です。つくってはみたものの、結局はその通りにいかないという経験は、みなさんにもあるのではないでしょうか。

短期的なものから長期的なものまで、実に多種多様な仕事があって、優先的にやらなければいけないことはひとつではなく複雑に入り組んでいます。

単純作業もあれば、アイデア出しもあり、お客さんとの面会などもある。ときには資料の読み込みやデータ作成などもその間に入り込み……。

**必要なのは状況を読みながら、瞬時に「一番重要なこと」に目を向ける判断力です。**

つねに頭の中で「To Doリストのイメージ」を変化させていくことが肝心です。

またそれと同時に、「おそらくリストのすべてをやることはできない」と認識していることも大切です。

自分にはとても無理！　そう思った方もいるかもしれません。けれども私はこれを単なる〝慣れ〟の問題と考えています。

**毎日始業時に、何にどれくらい時間を振り分けるか、その日の仕事を見通すトレーニングをしてみましょう。**

これはたとえば、漁師さんが漁に出る際に、潮の流れを読んで「今日はどこに魚がいるだろうか」と考えるのに似た感覚と言うことができるかもしれません。

その日一日の仕事の〝潮の流れ〟を読むのです。自分自身と客観的に対話して、「昨日と状況は変化したか」「今の仕事は本当にすぐやるべきか」などと脳内で段取りのイメージをつかんでおくことで、今、やるべきことが見えてくるはずです。

その際の重要ポイントは「脳内の『To Do リスト』は固定したリストにしない」ということです。むしろ、時々刻々と変化する軟体動物のようなリストであるべきです。

それを臨機応変に、ダイナミックに変えるための訓練をしていくことで、仕事人として、あるいは生活人としての実力が備わってくるでしょう。

## 「秒単位」で脳のTo Doリストを意識する

忙しい人の口癖に「つねに分刻みで行動している」というものがあります。

でも、私は分刻みというよりも、「つねに秒刻みで行動している」という意識を持っています。

これは「自分はそれくらい忙しくしている」という意味ではありません。いったいどこまで自分は脳内のTo Doリストを細分化できるのか。それを自らに課しているという意味です。

たとえば、講演会の依頼があって秋田まで出かけるとします。「何時までに秋田に着かなくてはいけない」というのはすでに決まっていることです。けれども、その事実を脳内のTo Doリストに「私の今日のスケジュールは秋田に行って講演して帰ってくること」としか書き込まないのでは、とてももったいないと思います。

秋田までの新幹線の移動時間は、一秒ごとの時間の集合なのですから、「その間、何と何をやるべきか」ということを、ちょっと深く考えることが重要なのです。

ですから私は出張の際も、いかに一秒ごとに有効活用できるかを意識しながら新幹線や飛行機に乗っています。

メールやツイッター、フェイスブックはもちろん、キンドルで電子書籍の読書をし、その隙間を縫って、次に執筆する本のテーマなどのアイデア発想も入れこんでいます。

またさらに、これから待ち受ける濃密なスケジュールを調整するために、「東京に戻ったら誰とどこで会おうか」など、脳の中で、それこそ秒単位で To Do リストをつくってはすぐ変更しています。

このように、秒単位で「To Do リストを整理していくと、未来の行動にいろいろな可能性が広がっていきます。普通の言い方をすればこれは単なる「隙間時間の有効活用」なのですが、決してアバウトで荒削りなものではありません。

一度やってみるとわかると思うのですが、**秒単位で脳内の To Do リストを整理していると、朝起きてから夜寝るまで、いかに自分のスケジュールが隙間だらけかということに気がつくはずです。**

つまり、時間活用の可能性が、大きく広がってくるのです。

**そして、脳内での柔らかい To Do リストの構築がうまくなってくると、何かをしながらでも、次にやるべきことに気がつくようになってきます。**

しっかり頭の中で整理できているので、どんな事態が起こってもスムーズに次の行動に移れるようになる。これこそ「すぐやる脳」が活性化している証拠です。


秒単位の作業。難しく思われるかもしれませんが、実はこれは多くの方が毎日やっている習慣的な行為です。

みなさんはスマホを手にしながら、それこそ「秒単位」で様々なアプリを使い分け、メール、ツイッター、フェイスブックをして、電子書籍を読んで、ニュースもチェックしていることでしょう。

それを考えれば、脳の中の To Do リストも秒単位で行使することができるはずです。

自分の脳内で、タスクのせめぎ合いを始めてみてください。ちょうど、タスク同士が脳内で力の奪い合いをしているイメージです。

「時間」という大切な資源の管理人は自分。その意識を持っておくことが大切です。

# 意識と無意識の舞台裏

ではここで、脳の中の「柔らかい To Do リスト」をつくる秘訣をお教えします。

私たちは普段、「自分が今やっている仕事はひとつだ」と意識していることが多いと思います。まずはこのイメージを変化させることが必要です。

**処理すべき様々な案件が、無意識下で湧き上がっているイメージを持つことです。**

脳の仕組みから考えると、意識とは多重構造であると言うことができます。

今まさにあなたは、目の前でやっている作業と並行して、意識の奥で別のことに注目しています。これがいわゆる無意識の部分というものです。

今やっていることに百パーセント集中しながらも、同時に、やっていないほかの案件も無意識の中で見えている。そしてタイミングに合わせて、無意識下にあったほかの案件もすぐに引き出しから取り出せる。

これが脳の使い方としては理想の状態だということです。

これはスピーディに重要なことに注力できる「すぐやる脳」を鍛える上で、とても必要なことだと私は思います。

たとえば、「朝まで生テレビ」などテレビ討論番組の司会で人気のジャーナリスト・田原総一朗さんを見ていると、この意識の切り替えがうまいなあと感心します。

あるテーマで熱い討論が繰り広げられているその最中に、彼の脳の中では切り替え可能ないくつものテーマが湧き上がっているのです。そのため議論が停滞してくれば、「ところで○○さん、△△なんですけど」と瞬時にテーマを切り替えて、番組をぐっと盛り上げることができるのです。

これは、ビジネスマンの会議でも同じです。

会議の席で活発に発言できる人というのは、ある議論をしていても、つねに五個、六個の別のテーマが見えていて、それを含めて優先順位をつけて巧みに切り替えながら話ができるのです。

## 脳内に、切り替え可能な複数のリストがアップされている

## 「自分の横」に立ってみる

いったいどうすれば、こうした意識の切り替えができるようになるのでしょうか。

何よりも具体的に大事なのは、これもやはり「自分との対話」なのです。

自分は今、どう感じているのか、それを客観的に意識することです。

自分との対話。これがイメージしにくい場合には、**「自分のことをもう一人の自分が横で見ているという感覚」**と言い換えてもいいでしょう。

今この本を読んでいる自分からスーッと抜け出して、自分の横に立っているというようにイメージしてみてください。そして自分を注視して、何を感じているのか観察してみてください。

本を読んでいる自分はどんな様子でしょうか。「読書に集中している」「おなかがすいたと思っている」「明日の提出書類のことを考えている」など、いろいろ見えてくるでしょう。

これが自分との対話です。これが無理なくできるようになると、つねに無意識の中にある案件にも注意が向けられるようになり、自分自身が把握できるようになります。これが脳科学でいう「メタ認知」なのです。

「あ、あれもやんなきゃ」「いや、これもやんなきゃ」。これを一つひとつ、真正面から考えてしまうため、パニックになりやすいのです。そうではなく、やるべきことをつねに同時並行で意識していることが大切です。

## 私たちはロバを笑えない

こうした自分との対話の練習は、ストレスのない人生を送るという意味においても、とても有効的です。

なぜなら脳科学の見地から言えば、自分との対話を怠って「無意識の自分」を無視してしまうことにより、ストレスは溜まっていくものだからです。

自分は現在、どう感じているのだろうか――。こうして自分の無意識と向き合う方

自分のことを、もう一人の自分が見ている感覚

法を学ぶことは、すなわち脳のバランスを保つことを学ぶことでもあります。

みなさんは、ロバと藁《わら》のたとえ話を聞いたことがあるでしょうか。ロバが藁の山を二つ見つけました。どちらもおいしそうな藁です。さてどっちに行こうかと迷っているうちに飢え死にしてしまうお話です。

これを単純にロバの習性と笑うことはできません。私たち人間も「自分にとって今、何が一番重要か」をなかなか判断できない人は多くないでしょうか。

**今、一番重要なことは何なのか、それを判断しながら瞬時に自分の舵《かじ》取りをしていく脳のバランス感覚。**これを養っておくことは、忙しい現代人すべてに必要なことだと思います。

# 映画のように「イメージング」

これまでお話ししたように、普段から自分自身とつねに対話しながら仕事や勉強に向かっていると、次第に脳の中の「柔らかい To Do リスト」の全体像ができ上がっていきます。

そして、臨機応変に重要なことに取りかかれる「すぐやる脳」ができていくのです。

臨機応変、同時並行で、スピーディに……。こんな話を聞いているうち、「何だか不器用な自分にはハードルが高いなぁ」と思われる方もいるかもしれません。

確かに複数の行為を同時に処理するにはちょっとしたコツがあるのです。そのコツさえつかんでしまえば、処理の速度は大幅に上がっていきます。

そのコツとは何か。それは「イメージの力」を借りることです。

**朝起きてから夜寝るまで、まずひとつながりのイメージを持つ。それで「今は、あえてこれをやっている」ということを自覚しながら、次の行為をイメージする。**

こうして一日の仕事や勉強の流れを「イメージ」でとらえることにより、脳の中で順々と「次の仕事」が意識されていくわけです。

To Do リストのお話をしているだけに、みなさんの頭の中にはすでに、「メモ帳に整然と書かれたリスト」というイメージができ上がっているかもしれません。

**けれどもここでご提案している柔らかい To Do リストとは、イメージ、つまり画像や映像が連なったリストと考えるべきなのです。**

多くの重要なことを脳に刻んでいくための技術、そのひとつに記憶術があります。記憶術のエキスパートが口を揃えて言っていることが、この「イメージで記憶する」ということの重要性です。

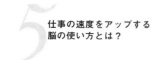

たとえば、世界で行なわれている記憶力の大会では、フラッシュカードという五十二枚のカードの順番を全部覚える競技があります。トップクラスの人はそれらを約三十秒で記憶してしまうという、まさにスゴ技です。

それらのカードを二枚一組にすることで二千七百四通りの組み合わせができるわけですが、彼らはそこでまず、二枚一組のカードをひとつのイメージに置き換えて記憶し、その置き換えたイメージを連続させてストーリーをつくります。**それはイメージの語呂合わせと言ってよいかもしれません。あたかもフィルム映画のように、イメージ化して記憶していくのです。**

これを「スペードのキング、ハートのエース」などと覚えていては絶対に無理です。もちろんコンピュータにはできますが、人間の脳ではできません。そこで、人間の脳の特性をうまく利用するため、イメージの力を借りるということなのです。

## 「毎日の献立」のようにリストをイメージする

To Doリストもこれと同様に、イメージでとらえることが大事になります。「今日は何時何分に何をやる」ということではなく、一日の仕事の流れを映像のようなイメージで想像してみるのです。そうした感覚でとらえておくと、忘れることもありませんし、瞬時に次の仕事に取りかかれるようにもなるのです。

その際に必要となるのが、ここでもまた自分との対話です。

脳内の「To Doリストに置くタスクとは、必ずしも「すぐに仕上げるべきタスク」とは限りません。五年後、十年後という長期的な「To Doリストについても、いつも脳内に置いておき、柔軟性を持って変えていく必要があります。

自分との対話によって、当面の課題をイメージでとらえる。すると、「短期的なビジョンに何があって、中長期的なビジョンに何があるのか」が頭の中に見えてきます。「自分は今ここにいて、この仕事をちょっとやりすぎているかもしれない。でも、もう少し経ったら長期的なビジョンも考えよう」といったふうに、脳の中の「To Doリストのバランスを考えてみることができると思います。

これはとりたてて難しい作業というわけではありません。バランスという観点で考えれば、ちょうど毎日の献立づくりにたとえることができるでしょう。

**毎日の食卓のように、「昨日は肉を食べたから、今日は魚にしよう。ちょっと野菜が足りないかな」といったイメージと同様のものです。**

毎日の献立をどうするか。それはべつに特別なことではなく、みんな当たり前にやっていることです。ここでご紹介した柔らかい「To Doリストも、毎日の献立のように、慣れてくれば誰もができることなのです。

## 「瞬間切り替え」で圧倒的な実力が身につく！

ありがたいことに、私は講演にお招きいただいてお話しをする機会が数多くあります。ここで告白してしまいますが、私は講演のステージに上がるまで、何を話すかを決めていません。「では、お願いします」と紹介いただいて、その一秒後からお話しすることもできます。

これは、講演回数を重ねたことによる経験もありますが、それと同時に、つねに脳の中で柔らかい To Do リストをつくる準備を重ねているおかげでもあるのです。

言い換えればそれは、**状況に合わせて脳がその働きをバランス調整してくれるようになる**ということです。

たとえば、「このような聴衆層であれば、こういうテーマがいいだろうな」といった状況判断を瞬時に行う、そんな調整をしてくれます。

ですから、私は普段から仕事をしている際も、そんな脳の「瞬間切り替え」のスキルを磨いています。

たとえば自分の作業を続けていて学生が急に話しかけてきたとしても、その一秒後には学生との話に切り替えるよう心がけています。そういった脳の対応力というのが「すぐやる脳」には必要不可欠なのです。

**何かの仕事をしていて、突然、誰かに新たな頼み事をされる。そしてすぐさま、今の作業をパッとやめてパッと次に向かう。**これは、なかなかできない人が多いのではないでしょうか。

もしも一秒ごとが難しければ、最初は一分単位でもいいので、パッと全然違う文脈に脳をシフトする練習をしておく。すると、脳にある眼窩《がんか》前頭皮質と背外側前頭前皮質という部位の回路が鍛えられて、余計な準備時間も節約できるといったメリットがあるのです。

これは脳の筋トレとしても非常に有効で、なおかつ組織での対人関係を良好にする手段にもなります。

優れた政治家を見ていると、こうした脳の切り替えが本当に得意です。たとえば小泉進次郎さんは政務に多忙な毎日を送っているにもかかわらず、いつ誰の話を聞くときでも、本当に誠心誠意、百パーセントでその人の話を聞いています。

だからこそ、あれだけ若いにもかかわらず、老若男女から人望を得ているのではないでしょうか。


誠心誠意相手の話を聞いて、信頼を勝ち取る――。それは政治家に限らず、ビジネスパーソンにとっても重要なことでしょう。

一生懸命仕事に集中しているとき、上司が何か言いに来ても、パッと瞬間的に上司の話を聞く姿勢が取れる。

これは上司にとってうれしいことのはずです。おそらく、「あいつはどんなに忙しいときでも向き合ってくれる部下だな」と、お互いの関係が円滑になるはずです。

そのような突然の変化に対応できるスキルを身につけておけば、いざというときに今やっていることを一時中断できるばかりでなく、また作業の集中に戻っていくことも簡単にできるはずです。

# プロフェッショナルはみな「瞬間切り替え」が得意

私は以前から様々なテレビ番組に出演させていただいていますが、特にバラエティ番組の出演者のみなさんは、この脳の「瞬間切り替え」が得意だと感心します。

番組の収録では必ずリハーサルが行われます。テレビでリハーサルが必要な大きな理由のひとつとして、カメラワークの調整があります。

カメラマンにとって、本番のどのタイミングで、どうやってカメラを動かして撮影するかというリハーサルは、よい番組をつくるために必要不可欠なことです。

ところがバラエティ番組に出演する側、つまり芸人さんやタレントさんたちは、一切リハーサルをせず、まさに「瞬間トップスピード」で本番に入ります。

たとえばダウンタウンの松本人志さんなども、いきなり本番に突入したにもかかわらず、お客さんからドッと笑いが起こります。

ではなぜ、松本さんはいきなり本番であれだけの笑いが取れるのか。それを脳の仕組みから考えるならば、プロフェッショナルほど脳のコンディション調整が得意だからということになるでしょう。

リハーサルなしで頭を空っぽにしておき、本番用に脳の働きをセーブする。そして本番がスタートすれば、エネルギーのロケット噴射で集中力をトップスピードに持っていく……。

これは、その道を極めたプロフェッショナルに共通するスキルでしょう。そして、これこそが「すぐやる脳」の完成形とも言えるのです。

松本さんや、その先輩の明石家さんまさんもそうですが、**彼らは脳の中に「今日の番組のテーマはこれだ」という命題があり、それに向かって「こんなことを言ったらウケるかもしれない」という引き出しやエピソードを「柔らかい To Do リスト」として用意しています。**

だからこそ、「ここぞ」というときに、誰も思いつかない面白いことが話せるというわけです。

活躍のジャンルを問わず、プロフェッショナルと呼ばれる人たちは、あらゆる事態を想定し、脳の中で周到にそのための準備を重ねています。そして瞬時に、臨機応変に最適の打ち手を打ちます。これこそがプロフェッショナルの証《あかし》なのです。

また最近、テレビ番組の進行の仕方も以前とは大きく変化していると感じます。たとえば番組の始まり方です。以前なら「今週も○○をお届けします」など、タイトルコールや司会のおしゃべりから始まっていたものが、最近の番組は「まずはこのコーナーからまいりましょう！」と、前置きなしにいきなり始まる進行スタイルに変わってきています。

そのような背景には、現代に生きる私たちが、たとえ一秒であっても「ムダ」に耐えられない時代になってきたことがあると思います。こうした番組の変化とは、今の時代が加速しているということの表れでもあります。

このように、「脳内シフト」を迅速に行い、瞬間トップスピードに持っていくという「すぐやる脳」の働きは、私たちすべてにとって多くの場面で必要になってきているのではないかと感じます。

6

# 「すぐやる脳」に変われば人生がガラリと好転する！

SUGU-YARU

# 脳の「意味づけ」で人生が動き出す

どんな仕事も勉強も、淡々とこなすべきルーティンワークに支えられています。

毎日それらを速く、大量に処理しているうちにどんどんと月日は経っていき、気がつけば年老いていた……。そんなことにならないためにも、一番重要なことに迷わず取りかかれる「すぐやる脳」をつくっておくことは、とても大切です。

そもそも「一番重要なこと」とは、どのように見つけて、どのように取り組んでいけばいいのでしょうか。

**大切な心がけとして、仕事に「意味づけ」していくという意識が必要です。**

前述したように人間の脳は、何に対しても自分事として意味を見出し、「自律」で動いていかないことには努力を続けられない存在だからです。

皆さんは、有名な「三人のレンガ職人」のお話を知っていますか？

完成まで百年かかると言われている教会の工事現場で、三人のレンガ職人が働いていました。すると、そこを通りがかった旅人が、三人のレンガ職人に「何をしているのですか？」と訊ねます。

すると、一人目のレンガ職人は「見ればわかるだろう。レンガを積んでいるんだよ。ああ大変だ」と不機嫌に答えました。

二人目のレンガ職人は「レンガを積んで壁をつくっています。何と言ってもこの仕事は給料がいいのでやっているのです」と淡々と答えました。

そして三人目のレンガ職人は**「私は教会をつくっているのです。この教会が完成すると多くの人が喜んで祈りを捧げることでしょう。こんな素晴らしい仕事に就《つ》けて、私はとても幸せです」**と笑顔で答えました。

この三人に共通することは、同じレンガ積みの仕事をしているということです。

ただ、見た目は同じ仕事をしていても、それぞれの仕事の意味づけはまったく違っています。

この中で最も脳が活性化していい仕事をするのは誰でしょうか。それは三番目の職人です。なぜならこの職人は、脳が活発に動き出す「自律」の意味づけをして、仕事に取り組んでいるからです。

## あなたには「ビジョン」がありますか？

最近、勉強することの意味がわからないという若者が非常に多くなったと感じます。そのように感じることの大きな理由は、そもそも「将来何をやりたいか」というビジョン（視点）がないからです。

でも、もしも勉強に「意味づけ」ができたらどうでしょうか。

たとえば、兄弟が病気になったときにお医者さんに助けてもらった経験から、「自分もいつか病気で苦しんでいる人の助けになりたい」と目的を見つけるような場合です。お医者さんになるための勉強自体は、確かにレンガを積むように地道でしんどい作業かもしれません。けれども「医者になる」という将来のビジョンが見えているため、粘り強く継続して勉強に打ち込むことができます。

これは、仕事でもあてはまることです。

**自分のやっている仕事にどれほどビジョンが持てるかによって、人のやる気は変化するのです。**

以前に『ビジョナリー・カンパニー』（ジム・コリンズ他共著／日経ＢＰ社）という本が流行しましたが、この本にもあるように、アップルやグーグル、フェイスブックなどといった成功企業が活力を得ている理由とは、自社の業務が社会にどのように貢献できるのか、そのビジョンをしっかり持っているというからにほかなりません。

そしてそれは、成功する個人も同じことなのです。

世界有数の経済誌である『フォーブス』が、「日本は新しい国家ビジョンが必要だ」という指摘をしています。

当然ですが、国として何を目指すかというビジョンがしっかりしていなければ、日本はこれから発展していけないでしょう。明治維新が成功したその大きな理由とは、あのとき日本はどういう道を歩むべきかという明確なビジョンがあったからです。

ですから、**人生がうまくいかないときや、何に対してもすぐに行動に移せないとき**

**は、ひとつの理由として、行動するためのビジョンがしっかりしていないせいなのかもしれません。**

一度、自分の人生を振り返り、自分の勉強や仕事に「意味づけ」してみることが大切でしょう。

## 迷ったときは「利他」の視点で

その時々の意味づけによって、人生のビジョンを練り直していく必要がある。とは言うものの、仕事や勉強において、特にある大事な局面での選択など、様々な迷いが生じるのが人生というものです。

皆さんが実際に分かれ道に立って、どちらを選ぶべきか迷った場合には、ぜひ一度、「世の中に役立つ自分」を想像してみてください。

脳には、利他的な回路というものがあります。これは、他人のために何かをすることで自分が喜びを感じる回路です。

利他というのは、仕事をする上での基本となりますし、「他人のために何ができるだろうか」と他人の立場に立つことで、他人というものの姿がより見えてきます。

そうして、他人の立場で視点を持つときに必要となるのが共感の能力です。

人は共感を求めるとき、どうしても自分と似たような人に目がいってしまいがちです。けれども利他的な発想を考えた場合には、いかにして自分と違う人の立場に立てるかがポイントになります。

**自分と同じ境遇の人のことばかりを考えていれば、その範囲のことだけに脳の回路が定められてしまいます。**

そんなときに、自分とは違う人のことをどれだけ思い浮かべられるかが重要です。自分と他人、その「共感の壁」を越えていく行為によって、利他的な回路はどんどん強化されていきます。

ビジネスにおいて、利他的な発想はとても意味があります。

テクノロジーは、とりわけそうした利他的な性質を持った分野です。

たとえば iPhone がそうです。iPhone は、実に様々な人の利益になるようつくられています。メールをやる人、ネットをやる人、ゲームをやる人、動画を観る人というように、その利益の内容と質を選ばず、とにかく多くの人にとって役立つツールであることが前提になっています。それがまさにヒットの秘訣と言えるでしょう。

自分と直接かかわりのない世界を、いかにイメージできるか。それがビジネスの基本です。

将来が見えない社会において、ビジネスパーソンはともすれば近視眼的になり、会社に役立つため、上司に役立つためということで仕事をしてしまいがちです。

けれどもそんなときこそ「社会にとって自分は何ができるか」を改めて考えてみる。そんな脳の切り替えによって、道は大きく開けていくのではないかと思います。

# 人間関係に効果絶大の「サプライズ脳」

自分の仕事に誇りを持って成功している人たちの共通点。

それは他人を喜ばせるのがすごく好きなことです。その誰もが「サプライズ脳」とでも言うべき、思いもよらないユニークな発想に満ちた脳の持ち主なのです。

大人気料理番組『料理の鉄人』、アメリカのアカデミー賞外国語映画賞を獲得した映画『おくりびと』、そして熊本の人気ゆるキャラ『くまモン』など、ヒット企画を連発する放送作家・小山薫堂《こやまくんどう》さんは、まさにその「サプライズ脳」の代表でしょう。

小山さんは、途方もない時間と労力をかけて、ただただ他人を喜ばせることに命をかけているような人です。

そのようなサプライズの欲求を持っている人は、みなすばらしいビジネスをつくり出してしています。

私が大学で教鞭を取っている理由のひとつも、やはり人を喜ばせるということをつねに意識として持っていたいからです。授業でいかに学生を喜ばせることができるか。それは、知的な喜びという意味においてです。

重要なことは、それが直接仕事や勉強と結びついていなくてもいいということ。たとえば、自分の好きな人の誕生日のサプライズでもいい。もし彼女の誕生日をお祝いするのであれば、彼女が持っている期待値を超えるようなサプライズを考えてみてください。

私は仕事で佐賀県に行くことが多いのですが、佐賀新聞の方と「JOTAKI」というミシュランのひとつ星の中華レストランに行ったとき、辛さと旨さが混然一体となったものすごくインパクトのある料理が出てきました。

すると、シェフが挨拶に来てくれて、「茂木さんの記憶に残そうと思って、一生懸命インパクトのある料理を考えました」と言ってくださいました。

そのとき私は「なるほど、こうやって人を喜ばせようという姿勢こそが、ミシュランに選ばれる理由なんだな」と感じました。

このように人に喜びやサプライズを与えることは、考えること自体が難しく、その準備にもエネルギーがいることでしょう。

しかし、そうしてサプライズを意識しながら生きていると、最終的にはやはり自分にも喜びが返ってきますし、その喜びが仕事や勉強の原動力にもなっていくものと私は信じています。

## ソーシャルモチベーションが脳の原動力になる

私は、どんな活動をするときも、利他の発想というものを持って取り組むように心がけています。けれども、それはとても困難なことだと思います。

なぜなら、人生において他人を喜ばせることは、簡単なようでとても難しいことだからです。

利他性を発揮するには、他人に共感する能力が必要ですが、自分と似たような人ではなく、自分と違う人と共感することは簡単なことではありません。だから私は、この共感の壁を越えるべく利他の発想を心がけているわけです。

また、**人を喜ばせるという発想は、様々なイノベーションにもつながりやすい**と言うことができるでしょう。

たとえば「なめらかプリン」のブームのきっかけをつくったパステル。良質な生クリームと卵黄のみで仕上げた、なめらかでありながらコクのある味は一度食べたら忘れられないほどの驚きがありました。

このようなヒット商品の裏側には、「食べた人を驚かせてみせる」という職業人の野心を垣間見ることができます。

やはり大ヒットしたディズニーアニメ『アナと雪の女王』にしても、あれだけの人たちを夢中にさせた裏側には、緻密に考えられたストーリーや最新のＣＧ技術など、私たちの想像をはるかに超えたエネルギーが使われています。だからこそ、多くの人たちの心を動かすことができたのではないでしょうか。

もちろん、人を喜ばせるにしてもいろいろ方法があります。

たとえば、恋人にクッキーを焼いて喜んでもらうのでもいい。両親に誕生日プレゼントをあげるのもいいと思います。ただ、喜ばせる相手との関係が遠くなれば遠くなるほど、その演出は難しくなっていきます。

**自分のやりたいことが見つからない人は、いかに距離が遠い人に喜んでもらえるか、そこに頭を使ってみてはいかがでしょうか。**

それはすなわち、ソーシャルモチベーション（社会に役立ちたいという意思）を持つということです。

私の職業は言うまでもなく脳科学者です。でも、大学で講義をやったり、いろいろなところに講演に行ってお話しをしたり、テレビやラジオに出てみたり……。

そのような活動をしている原動力は、このソーシャルモチベーションがあるからです。うれしいことに、多くの人から「茂木さんの話を聞くと前向きになれます」という言葉をいただきます。

先日も、あるテレビ局のプロデューサーが「茂木さんの話のすごいところは元気になることなんだよね」とうれしそうに話してくれました。

私はこれも、自分に課せられた役割だと考えています。

# 「オーバースペックな人材」を目指せ

今の世の中は、とにかくすぐ仕事に役立つ〝即戦力〟が求められる時代になっています。身につけるスキルにしても、すぐに役立つスキルが中心です。

本書は「すぐやる脳」、つまり実行力とスピード力をおすすめする本です。いささかその主旨とは異なるように感じられるかもしれませんが、私はこれからの時代、みなさんにはぜひ「オーバースペックな人材」を目指してほしいと思っています。

オーバースペックとはパソコン関係でよく使う言葉で、ほとんど使うことのない高級な機能のことを指す和製英語です。

ですから「オーバースペックな人材」とは、**その仕事に必要とされるスキルの枠を超え、人並みはずれた知識や教養を持っている人**のことです。

たとえば、ある流通の会社が「倉庫の仕分け作業ができる人」を求めているのに、応募者が「弁護士」や「行政書士」などの資格を持っていたり、英語が並みはずれて堪能だったりというような場合です。

採用する側からすれば、「この人はなぜこの仕事に応募しに来たんだろう？　うちの会社ではスキルを持て余すだろうし、本人もすぐに飽きて辞めてしまうのではないだろうか」と思うことでしょう。

けれども実際は、そういう人材が世の中や会社の仕組みを変えることがあるのです。グローバル社会で通用する人間になるためには、万人が求めるスキルをいくら極めて見たところで、必ず上には上がいます。

それよりも、**今、目の前の業務に何かしら新しい視点・知識をかけ合わせる。それによって、素晴らしいイノベーションが起こることもあるのです。**

会社にしても、そういう人が組織にいることで、周りの人に突き抜ける勇気を与えることになると思っているのです。

「何か面白そうだな」という化学反応が会社全体を包み込むことによって、みんなの脳に刺激が加わり、新たな決断や行動を起こすきっかけになるかもしれません。

## 「オタク力」が武器になる

そういったオーバースペックな人材というのは、まるで「期限のない宝くじ」みたいなもので、いつか大きなイノベーションを起こす可能性に満ちています。

たとえば私の友人である塩谷賢《しおたにけん》さんは、典型的なオーバースペックな脳の持ち主で、「無職の哲学者」とでも呼ぶべき天才です。

東京大学で数学の修士を取って厚生労働省に進みましたが、そこで〝寿退社〟をして現在は「主夫」をしています。日本の哲学界で彼のことを知らない人は誰もいないほどの天才であり、ドイツ語もフランス語も原書で読める、すごい人なのです。

先日も修士の学生と話をしていたところ、「僕の夢は塩谷さんみたいになることです」と憧れられるほどの人気に驚きました。彼は私の周囲にいる最大の「宝くじ」と言えるかもしれません。

かのスティーブ・ジョブズもまた、相当なオーバースペック脳の持ち主でした。彼は若き日に、コンピュータの世界では何の役にも立たない、カリグラフィという文字のデザインアートに没頭していた時期があります。ジョブズは後に、次のようなことを語っています。

「カリグラフィがわたしの生活に何ら役に立つはずもありませんでした。ところが十年後、最初のマッキントッシュをデザインしているときに、その経験がよみがえってきたのです。もし大学をドロップアウトして、カリグラフィの授業に潜り込むことがなければ、コンピュータが美しいフォントを持つことはなかったかもしれない」

このようなエピソードからもわかる通り、たとえすぐに稼げなくとも、いい意味での「ムダ」というか、知識や教養のバッファー（余裕）を持つことは意外にも重要なことだと私は思っているのです。

もちろん、組織の中ではそれぞれの役割がありますので、まずはそれをしっかりと確実に遂行することが大事です。

しかし、**必要なときに最低限の努力だけをして、無駄なことに一切手をつけず、省エネ人生を生きる人は、歳を重ねるにつれてどうしても伸び悩む傾向にあります。**

「オタク力」に満ちあふれたオーバースペックな人は、いつかどこかで社会の役に立つ可能性があるかもしれない。ひょっとしたら、一生のうち一回だけ役に立つかもしれない。逆に、もしかしたら一生役に立たないかもしれない……。

それでも、それだけ自分の中に情熱を傾けられるものがあり、思わず周りの人をたじろがせるような専門性を持ち合わせた人は、周囲を勇気づける何かを持っているように思うのです。

これからの時代、私はそうした「何か」が武器になるように感じてなりません。

# 「挑戦する脳」がみんなに勇気を与える

ソーシャルモチベーションが脳に活力を与える。

私で言えばそれは、社会に向けて脳科学についての経験や知見をお伝えし、少しでも世の中を活性化させることと考えています。とても難しいことですが、何かを伝えるということはそれだけで意味があることですし、これが私の元気の源にもなっています。

みなさんは、どんなことから「元気」をもらっていますか？

家族や周りにいる友人から？　美味しい食べ物から？　テレビや映画から？　それともこのような本からでしょうか。

誰にでも「元気の源」と呼べるものがあると思います。

それはきっと、そのときだけ元気になれた気がする栄養ドリンク的なものではなく、もっと体質から元気になれる「心のビタミン」であることでしょう。

生きていく上で一番重要なその「元気の源」を探し、手に入れて、社会に共感の輪を拡げていくための武器、それこそが「すぐやる脳」なのだと私は思っています。

私は普段から、「あ、この人もったいないな」と残念に思う機会がよくあります。それは、やればすぐにできることなのに、難しいことに挑戦する気持ちを持っていない人々のことです。

私のツイッターでは、フォロワーが七十万人ほどいます。フォロワーが七十万人になってくると、ちょっとした地上波テレビくらいの影響力を持ってきます。

ツイッター上でいろいろなつぶやきをしているうち、私はある大切なことに気づきました。それは、フォロワーの方たちの反応から、**「茂木さんは自分に難しいことを課して、それに挑戦しようとしているんだな」と共感し、勇気を持ってくれているのではないか**と感じたのです。

もちろんそうした反応によって、私も自分のチャレンジスピリットを再確認でき、また勇気づけられています。

こうした私の挑戦によって、一人でも多くの人が困難に挑戦するための元気を手に入れてくれたらというのが私の願いです。

今の世の中というのは、評論家タイプの人がすごく多いと感じます。つまり、何を取っても他人事で、当事者意識がないということです。

自分がセンターコートに立つことを意識していない、想像していない。そういう人はやっぱり、本当の意味で人の心を動かすことはできません。

プロテニスプレーヤーの錦織圭選手を観ていると、なぜみんなが応援したがるのかがよくわかります。

ごまかしがきかないコートの中で必死になって闘っていることに、とてつもないすごさを感じるからです。いつもギリギリの闘いに備えて、決して自分自身を甘やかさず、強い心でトレーニングに向き合っているからです。

**一番重要なことを見極め、すぐさま行動に移す。自分に厳しく、他人に喜びを与えることを目指す――**。

私は日本の若い方々、そして働き盛りの方々に、そんな風にチャレンジスピリットに溢れた、行動する人になってほしいのです。私はそれを期待して待っています。

# おわりに

私が尊敬する偉大な人物に、ノーベル賞物理学者のアルベルト・アインシュタインがいます。

私に限らず、なぜこれほどまでにアインシュタインは多くの人々に愛されているのでしょうか。

もちろん相対性理論の発見をはじめ、並みの科学者とやっていることのレベルが違うということもありますが、それ以上に、アインシュタインは一人の科学者として「自分の基準」をしっかり持っている、真のプロフェッショナルだったからです。

そんなアインシュタインは、次のような言葉を残しています。

**「何かを学ぶためには、自分で体験する以上にいい方法はない」**

この言葉を、本書の最後に読者のみなさんに贈りたいと思います。

どんな仕事でも、どんな勉強でも、それを「すぐやる」ということにはやっぱり勇気が必要です。

ときには一般常識や固定概念が「抑制」となって、すぐに行動に移せないこともあるでしょう。

それでも、まずは体験してみる、それこそ思い立ったら吉日ではないですが、すぐにやってみる勇気を持ってみてください。

常識にとらわれない生き方。それこそが自分を成長させ、新しい世界の扉を開けることができるということを、アインシュタインは先の言葉から教えてくれているような気がします。

しっかりと自分の基準がありさえすれば、世間の評価に流されず、決断も行動もぶれることがありません。

組織プレーが得意で、言われたことや決められたことを遂行するのが得意だった日本人が、自らの基準で決断し、行動し始めて、そこにどんどん変化が生まれていく。

そういう日本人が世の中にたくさん増えていくことにより、日本はもっと素晴らしい国になるはずです。

本書のテーマは「すぐやる脳」です。

あなたの脳の「抑制」を外し、活性化させて、新しい自分を発見してほしい。本書がその際の方位磁石の役割になれば……。そんな願いを持って書き進めてきました。

今、何が自分にとって「一番重要なこと」なのか。そのことを、あらためて見つめ直してほしいと思います。

あたかもアインシュタインが、その生涯をかけて「時間と空間の成り立ち」の研究を突きつめていったように……。

今の日本は何不自由なく、とても便利な世の中です。仕事でもプライベートでも、枝葉末節《しようまっせつ》にとらわれ、意識を持っていかれてしまうことがたくさんあるでしょう。

それでもその中に、一人ひとりに課せられた「大事なこと」は必ず存在します。

どんな些細な仕事でもベストを尽くして行動する。なぜなら、人間の脳というのは行動することでしか鍛えることができないのですから。

それこそが「すぐやる脳」を活性化させる大きなエネルギーとなるのです。

最後になりますが、本書がこうしてでき上がるまでに、出版プロデューサーの神原博之さん、学研パブリッシングの倉上実さんには本当にお世話になりました。心よりお礼を申し上げます。

茂木健一郎

## 著者紹介

茂木健一郎　（もぎ　けんいちろう）

1962 年東京生まれ。

東京大学理学部、法学部卒業後、東京大学大学院理学系研究科物理学専攻課程修了。理学博士。脳科学者。

理化学研究所、ケンブリッジ大学を経て現職はソニーコンピュータサイエンス研究所シニアリサーチャー。

専門は脳科学、認知科学であり、「クオリア」（感覚の持つ質感）をキーワードとして脳と心の関係を研究するとともに、文芸評論、美術評論にも取り組んでいる。

2005 年、『脳と仮想』（新潮社）で第 4 回小林秀雄賞を受賞。2009 年、『今、ここからすべての場所へ』（筑摩書房）で第 12 回桑原武夫学芸賞を受賞。

主な著書に『脳とクオリア』（日本経済新聞出版社）、『ひらめき脳』（新潮社）、『脳を活かす勉強法』（PHP 研究所）、『金持ち脳と貧乏脳』『男脳と女脳』（ともに総合法令出版）、『この法則でゾーンに入れる！――集中「脳」のつくり方』（朝日出版社）などがある。

編集協力／神原博之（K.EDIT）
写真撮影／橋詰芳房
カバーデザイン／石間　淳
本文デザイン・ＤＴＰ／新田由起子（ムーブ）

**結果を出せる人になる！**
# 「すぐやる脳」のつくり方

2015年5月7日　第1刷発行
2015年7月24日　第7刷発行

著　　者 —— 茂木健一郎
発 行 人 —— 鈴木昌子
編 集 人 —— 長崎　有
編 集 長 —— 倉上　実
発 行 所 —— 株式会社 学研パブリッシング
〒141-8412　東京都品川区西五反田2-11-8
発 売 元 —— 株式会社 学研マーケティング
〒141-8415　東京都品川区西五反田2-11-8
印 刷 所 —— 中央精版印刷株式会社

〈各種お問い合わせ先〉
●編集内容については TEL03-6431-1473（編集部直通）
●在庫・不良品（落丁・乱丁）については　TEL03-6431-1201（販売部直通）
●文書の場合
〒141-8418　東京都品川区西五反田2-11-8 学研お客様センター『結果を出せる人になる！「すぐやる脳」のつくり方』係
●この本以外の学研商品に関するお問い合わせ先
TEL03-6431-1002（学研お客様センター）